PSICOLOGIA HOSPITALAR

Um GUIA prático PARA ESTUDANTES E PROFISSIONAIS

PSICOLOGIA HOSPITALAR

Um GUIA prático PARA ESTUDANTES E PROFISSIONAIS

Organizador
FELIPE CAZEIRO

Autores
FELIPE CAZEIRO
ALESSANDRA ANTUNES
SILVANA LIMA
THIAGO SILVA LACERDA
GRAZIELLE SERAFIM

Freitas Bastos Editora

Copyright © 2023 by Felipe Cazeiro, Alessandra Antunes, Silvana Lima, Thiago Silva Lacerda e Grazielle Serafim

Todos os direitos reservados e protegidos pela Lei 9.610, de 19.2.1998. É proibida a reprodução total ou parcial, por quaisquer meios, bem como a produção de apostilas, sem autorização prévia, por escrito, da Editora. Direitos exclusivos da edição e distribuição em língua portuguesa:
Maria Augusta Delgado Livraria, Distribuidora e Editora

Editor: Isaac D. Abulafia
Diagramação e Capa: Madalena Araújo

Dados Internacionais de Catalogação na Publicação (CIP) de acordo com ISBD

P974	Psicologia Hospitalar: um guia prático para estudantes e profissionais/Felipe Cazeiro...[et al.]; organizado por Felipe Cazeiro. - Rio de Janeiro: Freitas Bastos, 2023.	
	148 p.; 15,5cm x 23cm.	
	ISBN: 978-65-5675-249-5	
	1. Psicologia. 2. Psicologia hospitalar. I. Cazeiro, Felipe. II. Antunes, Alessandra. III. Lima, Silvana. IV. Lacerda, Thiago Silva. V. Serafim, Grazielle. VI. Título.	
2023-59		CDD 150
		CDU 159.9

Elaborado por Odilio Hilario Moreira Junior - CRB-8/9949

Índice para catálogo sistemático:
1. Psicologia 150
2. Psicologia 159.9

Freitas Bastos Editora
atendimento@freitasbastos.com
www.freitasbastos.com

Dedico este livro a todos os pacientes que passaram por mim, do CTA/SAE ao Hospital, e àqueles que seguem a desafiadora jornada do cuidado.

Lembrem-se:

"Saúde não é simplesmente ausência de doença"

(Conceito OMS)

APRESENTAÇÃO

Aproximadamente 80 anos nos separam desde os primeiros trabalhos realizados pela Psicologia no hospital geral, no Brasil. E, aproximadamente, 200 anos desde a presença da Psicologia nas unidades hospitalares de saúde mental. Apesar dos desafios e conquistas encontrados ao longo dessa jornada, muito foi concretizado.

Por muito tempo, a Psicologia Hospitalar utilizou-se de recursos técnicos e metodológicos de outras áreas do saber psicológico, que nem sempre se mostraram adequados ao contexto hospitalar. A ausência de um papel concreto de atuação que pudesse trazer melhores definições e estratégias dificultou, no início, o reconhecimento e legitimação desse profissional nas instituições de saúde como já abordado por autores consagrados da área como Bellkiss Romano, Valdemar Augusto Angerami-Camon e Alfredo Simonetti que estão citados ao longo dos capítulos.

Contudo, a partir de uma multiplicidade do exercício da Psicologia no contexto hospitalar, abriram-se as portas para diversas pesquisas e publicações a respeito dessas práticas com o objetivo de fortalecer a identidade profissional dessa área e elucidar melhor o papel do psicólogo hospitalar. Tarefa esta que a elaboração desse guia prático vem somar.

O compromisso com a subjetividade e o adoecer tem sido cada vez mais interesse da Psicologia e, por ser assim, não estaria o Hospital indissociável dessa relação. Os sentidos e significados do processo de saúde-doença, a forma como cada pessoa enfrenta seu adoecer, bem como as pessoas que são envolvidas no processo de cuidado em saúde são alguns dos objetos de trabalho da Psicologia no Hospital.

Neste percurso, é evidente que o Hospital não é um lugar que muitas pessoas gostariam de estar visto que, além das questões políticas e estruturais que atravessam os hospitais brasileiros, a instituição hospitalar é carregada de imaginários populares que dificultam a sua compreensão. O hospital é tido como um ambiente em que se lida com a morte de forma mais próxima, especialmente nos últimos tempos com a pandemia do COVID-19 que cruelmente atravessou os hospitais e a vida em sociedade. A visão biomédica é um modelo ainda a ser seguido engolindo outros modelos como os biopsicossociais com outras formas de compreender, olhar, tratar e cuidar das pessoas de forma mais integral.

Diante disso, o hospital é também um campo de disputa de cuidado onde é preciso se voltar para a pessoa hospitalizada. Assumir esse compromisso é o verdadeiro aprendizado realizado junto ao paciente em seu leito hospitalar sendo talvez a nossa maior conquista. Não queremos aqui desprezar o aprendizado acadêmico, da medicina e outras áreas, nem tampouco as tantas horas de reflexão e leitura, apenas queremos enfatizar que se existe algo para ser compartilhado é o fato de que aprendemos compreendendo a angústia diante de uma doença/infecção como o HIV e a COVID-19, a dor das Urgências e Emergências, o silêncio e despedidas das UTI e tantas outras coisas e sentimentos de nossos pacientes, acompanhantes, familiares e equipes.

Esse paciente que nos ensina todos os dias sobre a força do enfrentamento da dor e do desespero diante da morte ou de um trauma/doença/infecção; que nos ensina a permitir as próprias vicissitudes da vida; que nos ensina uma nova forma de entender o significado da existência; que nos ensina sobre a efemeridade da vida e da potência existente em cada momento, em cada chegada, em cada partida!

Portanto, este é um livro que não temos a pretensão de nos colocarmos pioneiros, precursores da Psicologia Hospitalar, apenas sempre fomos profissionais sonhadores com um visão crítica biopsicossocial sobre nossa prática. Psicólogos e psicólogas que idealizam práticas mais inclusivas e humanizadas no sentido concreto da palavra. E assim esperamos continuar. Aprendendo e crescendo sem nunca esquecer de nossos limites reais e de nossos pacientes!

Felipe Cazeiro
Autor

SUMÁRIO

11   **CAPÍTULO 1**
SOBRE A PSICOLOGIA HOSPITALAR

    PSICOLOGIA DA SAÚDE NOS ESTADOS UNIDOS DA AMÉRICA 12

    PSICOLOGIA HOSPITALAR NO BRASIL 13

    DAS ATRIBUIÇÕES DE PROFISSIONAIS DE PSICOLOGIA HOSPITALAR 17

    DAS COMPETÊNCIAS DE PROFISSIONAIS DE PSICOLOGIA HOSPITALAR 19

    QUALIFICAÇÃO PROFISSIONAL E REQUISITOS PARA ATUAÇÃO EM PSICOLOGIA HOSPITALAR 20

    AVALIAÇÃO PSICOLÓGICA HOSPITALAR 21

    MANEJO CLÍNICO E FAMILIAR 27

    O TRABALHO EM EQUIPE MULTIPROFISSIONAL 30

    REGISTRO EM PRONTUÁRIO E ENCAMINHAMENTOS 31

    SAÚDE E SEGURANÇA OCUPACIONAL 35

37   **CAPÍTULO 2**
ATUAÇÃO DA PSI HOSPITALAR, LUTO E CUIDADOS PALIATIVOS

    O DESAFIO DA MORTE DIGNA 46

    ENFRENTAMENTO DA MORTE E DO LUTO 51

59   **CAPÍTULO 3**
ATUAÇÃO DA PSI HOSPITALAR NAS UTI E COVID-19

    O SETTING TERAPÊUTICO NA UTI E AS POSSIBILIDADES DE INTERVENÇÃO 63

A UTI CORONARIANA E COVID-19 74

83 **CAPÍTULO 4**
ATUAÇÃO DA PSI HOSPITALAR
EM HIV/AIDS
ESTRATÉGIAS DE PREVENÇÃO EM IST,
HIV/AIDS 88
O PROCESSO DE SAÚDE-DOENÇA POR HIV/AIDS
E AS REPRESENTAÇÕES DO PACIENTE 93
REFLEXÕES PARA ATUAÇÃO DE PROFISSIONAIS
DE PSICOLOGIA COM PACIENTES VIVENDO
COM HIV/AIDS (PVHA) 99
LEGISLAÇÕES PERTINENTES NO CAMPO
DO HIV/AIDS 106
LEMBRETES 108

111 **CAPÍTULO 5**
ATUAÇÃO DA PSI HOSPITALAR NAS
EMERGÊNCIAS
EMERGÊNCIA: QUANDO O INESPERADO
ACONTECE 115

119 **CAPÍTULO 6**
ALGUNS DESAFIOS E SUGESTÕES EM
PSICOLOGIA HOSPITALAR

125 **CONSIDERAÇÕES FINAIS**

127 **REFERÊNCIAS**

141 **ANEXOS**

CAPÍTULO 1
SOBRE A PSICOLOGIA HOSPITALAR

Felipe Cazeiro
Thiago Silva Lacerda

A história da Psicologia Hospitalar remonta a 1818, quando foi formada a primeira equipe multiprofissional com a presença de profissionais de psicologia no Hospital McLean, em Massachussets. Ainda nesse mesmo hospital foi fundado, em 1904, um laboratório de psicologia onde se iniciaram as pesquisas pioneiras sobre a Psicologia Hospitalar em contextos de saúde mental (Ismael, 2005; Bruscato, Benedetti & Lopes, 2004).

Contudo, a atuação de profissionais de psicologia no contexto hospitalar em hospitais gerais ocorreu após o término da Segunda Guerra Mundial (1939-1945), quando se percebeu a necessidade da assistência psicológica para os militares, que estavam apresentando uma série de reações psíquicas no período de hospitalização (Pate & Kohut, 2003). Assim, as atividades psicológicas nesses ambientes objetivava identificar as repercussões do processo de adoecimento e hospitalização nas questões psicológicas procurando minimizar as alterações psíquicas além de tentar compreender a experiência da pessoa no seu adoecer.

Nesta época, os procedimentos eram invasivos no que tange aos exames periódicos e às cirurgias, bem como os efeitos colaterais das medicações eram severos desencadeando episódios depressivos aos pacientes hospitalizados (Nogueira-Martins & Frenk, 1980). Assim, percebeu-se que a situação de adoecimento e a hospitalização representavam um fenômeno complexo e singular o qual necessitava de uma compreensão multiprofissional. Esta constatação possibilitou que profissionais de psicologia integrassem as equipes multiprofissionais de saúde. Foi então que em 1970, o programa federal dos EUA – *The Civilian Health and Medical Program of the Uniformed Services*, reconheceu as atividades de profissionais de psicologia na área da saúde, mas foi somente em 1977 que a aprovação da ata oficializou as práticas psicológicas para todos os EUA (Dorken, 1993; Enright *et al.*, 1990).

PSICOLOGIA DA SAÚDE NOS ESTADOS UNIDOS DA AMÉRICA

Nos anos 70, aconteceram diversos questionamentos acerca da atuação de profissionais de psicologia no campo saúde, sobretudo na promoção da saúde, prevenção e tratamento de doenças. Portanto, em 1973, com intuito de melhor definir o papel desse profissional, iniciaram-se as investigações nos EUA para analisar as atribuições desse profissional no contexto da saúde. Assim, em 1978, a *American Psychological Association* (APA) oficializou a Divisão 38 marcando o surgimento da área denominada de Psicologia da Saúde (Straub, 2008).

O primeiro presidente da APA, Joseph Matarazzo (referência no campo da Psicologia da Saúde) destacou que esta área tem o objetivo de estudar a etiologia das doenças orgânicas, desenvolver intervenções direcionadas para a promoção da saúde, prevenção e tratamento de doenças, buscando o diálogo com os representantes governamentais para aprimorar as políticas públicas (Matarazzo, 1980).

Diante disso, a atuação de profissionais de psicologia nos diversos contextos de saúde (postos de saúde, hospitais e comunidades), foi reconhecida nos EUA por Psicologia da Saúde. Na década de 1980, a APA regulamentou as práticas de profissionais de psicologia da saúde por meio de documentos que tinham o objetivo de apresentar as principais diretrizes para a atuação da categoria (Enright *et al.*, 1993).

Assim, a APA publicou, em 1985, um documento intitulado *A Hospital Practice Primer for Psychologists*, que apresentou informações sobre a estrutura dinâmica das instituições hospitalares, destacando as habilidades e competências necessárias dos profissionais de saúde com o propósito de facilitar a inserção de profissionais de psicologia no contexto hospitalar.

Além disso, em 1991, a APA publicou outro documento, o *Guidelines on Hospital Privileges: Credentialing and Bylaws*, em que apresentou orientações para o treinamento de profissionais de psicologia para a atuação nos hospitais com ênfase na delimitação das atividades relacionadas à avaliação e à intervenção psicológica (Enright *et al.*, 1993).

Com base nisto, Enright *et al.* (1993) destacam que os documentos da APA contribuíram para a legitimação das práticas psicológicas no ambiente hospitalar, delimitação do papel deste profissional e sua importância assim como abertura para a publicação de pesquisas, com o surgimento do periódico *Journal Health Psychology*, em 1982, que publica até hoje com suas edições internacionalmente reconhecidas.

PSICOLOGIA HOSPITALAR NO BRASIL

A atuação de profissionais de psicologia no contexto hospitalar no Brasil, representa uma especificidade da Psicologia da Saúde no setor terciário. Portanto, este é um dos únicos países que denomina um campo para Psicologia Hospitalar além da Psicologia da Saúde, pois, em outros países como nos EUA, aglutinam todas as práticas em saúde dentro da Psicologia da Saúde sem abrir um subcampo como a Psicologia Hospitalar no Brasil.

Conforme trazem Castro e Bornholdt (2004), a partir de Sebastiani (2003), os autores refletem que a consolidação do termo Psicologia Hospitalar no Brasil pode ter a ver com a forma como as políticas de saúde no país foram construídas tendo como centralidade os hospitais desde os anos 40 a partir de um modelo clinico assistencialista (Sebastiani, 2003).

Por este motivo, os autores trazem que há uma escassez material teórico e pesquisas na literatura científica internacional sobre a Psicologia Hospitalar como campo específico visto que esta denominação é praticamente inexistente em outros países (Castro & Bornholdt, 2004) Além disso, alguns autores como, Yanamoto, Trindade e Oliveira (2002) e Chiattone (2000), a partir de uma visão crítica, apontam que o termo Psicologia Hospitalar é inadequado, pois parte da lógica de referência do local para determinar a área de atuação da Psicologia e não as atividades desenvolvidas como fazem outros países.

Neste sentido, a APA (2003), por exemplo, demarca o trabalho de profissionais de psicologia em hospitais como um dos possíveis locais em que atua o psicólogo da saúde. Assim, a brasileira Chiattone (2000), diz que a Psicologia Hospitalar é apenas uma estratégia de atuação em Psicologia da Saúde e, sendo assim, deveria ser denominada Psicologia no contexto hospitalar.

Esta prática iniciou-se, no país, na década de 50 com poucos profissionais de psicologia despertando a necessidade do surgimento dos cursos de graduação em Psicologia para delimitar a atuação desses profissionais nas instituições de saúde (Angerami-Camon, 2002).

Conforme Angerami-Camon (2002), as primeiras atividades foram realizadas por Matilde Néder em 1954 na clínica ortopédica e traumatológica do Hospital das Clínicas da Faculdade de Medicina da Universidade Federal de São Paulo (HC-FMUSP), considerada a pioneira na área.

Na referida década, a hospitalização infantil representou uma temática relevante para profissionais de psicologia em hospitais e, desse modo, a atuação profissional contribuiu para o desenvolvimento de estudos científicos. Em 1974, o Hospital das Clínicas da Faculdade de Medicina da USP possibilitou a inserção da Psicologia no hospital geral nos Institutos de Ortopedia, Psiquiatria, Neurologia e da Criança. Além disso, impulsionou os serviços da Psicologia nos hospitais de especialidades (Instituto do Coração, Instituto Central, Instituto de Reabilitação), autorizou a contratação de profissionais de psicologia sob a direção da psicologia, gerou manuais de trabalho, promoveu a participação de profissionais de psicologia nas equipes multiprofissionais por meio de tarefas delimitadas e compartilhadas e descreveu o perfil profissional para atuação na área, como trazem Azevêdo & Crepaldi (2016).

A inserção de profissionais de psicologia no hospital geral produziu uma temática de estudo na universidade na década de 70. A Profa. Dra. Thereza Pontual de Lemos Mettel, da Faculdade de Medicina de Ribeirão Preto da Universidade de São Paulo (FMRP-USP), teve importante papel neste quesito com seu trabalho clínico junto às crianças hospitalizadas desde uma política de atenção hospitalar destinada à criança, que incluía os familiares acompanhantes e a participação ativa das mães no cuidado à saúde do filho demonstrando melhoras significativas para as crianças. Esses resultados culminaram na adoção de políticas de humanização em hospitais da rede pública de saúde (Mettel, 2007).

O trabalho da referida professora em Ribeirão Preto deu origem a um programa pioneiro destinado ao treinamento de profissionais de psicologia no hospital geral, considerado referência em Psicologia da Saúde no Brasil. Esse programa foi denominado de Programa de Aprimoramento, apresentando a estrutura de um curso de residência, no qual o recém-formado desenvolvia atividades em tempo integral. A psicóloga Edna Maria Marturano e o psicólogo Ricardo Gorayeb foram responsáveis pela direção desse serviço, que incluía atividades de ensino, prática e pesquisa na área da Psicologia Clínica e Hospitalar no Hospital das Clínicas da FMRP-USP (Gorayeb, 2010).

Posteriormente, ocorreu o surgimento das Residências Multiprofissionais e em Área Profissional da Saúde, por meio da Lei nº 11.129 de 2005, na qual foi incluída a Psicologia pelo fato de já ser considerada profissão da área da saúde (Brasil, 2005).

Na tentativa de facilitar a formação profissional, surge, em 1977, o primeiro curso de Psicologia Hospitalar realizado no país, na Pontifícia Universidade Católica de São Paulo, produzido e ministrado por Bellkiss Romano, grande referência na área da psicologia hospitalar.

A abertura de atuação de profissionais de psicologia nos ambientes de saúde representou, então, um período marcado por inúmeros questionamentos e paradigmas acerca das tarefas desse profissional, as quais precisavam ser definidas com clareza para orientar as práticas no seu saber-fazer no contexto hospitalar.

De acordo com Santos e Jacó-Vilela (2009), profissionais de psicologia estavam diante de teorias e técnicas das abordagens psicológicas exercendo uma prática distante do contexto hospitalar predominando uma perspectiva clínica tradicional. Diante das características da instituição hospitalar, a simples transposição do modelo mostrava-se insatisfatória para assistir uma demanda tão complexa e um contexto diferenciado. Assim, foi necessário promover uma reflexão crítica acerca das atribuições profissionais de psicologia que atuam em hospitais.

Após um período de enfrentamento desses desafios, nas décadas de 70, 80 e 90, foram implantados diversos Serviços de Psicologia Hospitalar pelo país, que se tornaram referência no Brasil. Diante desse crescimento de serviços e da consolidação desse profissional, cada vez mais se tornou necessário estabelecer diretrizes, orientações e normativas para a atuação profissional.

Em síntese, no final da década de 80, as estratégias de atuação ainda necessitavam de esclarecimentos e melhor delimitação acerca dos procedimentos técnicos e intervenções, principalmente, diante das diversas abordagens teóricas utilizadas pelos profissionais de psicologia nos hospitais para compreender melhor seu papel no contexto hospitalar.

Assim, alguns acontecimentos históricos contribuíram para o desenvolvimento da Psicologia Hospitalar. Em 1997, foi estabelecida a Sociedade Brasileira de Psicologia Hospitalar, a qual iniciou a publicação de um periódico em 2004, promovendo a integração de profissionais de psicologia nas reuniões científicas, bem como promovendo eventos e encontros de reflexões e elaborações profissionais entre profissionais de psicologia hospitalar (Romano, 1999).

As atividades desses profissionais nos hospitais foram reconhecidas pelo Ministério da Saúde por meio de documentos que regulamentam o atendimento em Psicologia nos procedimentos de média e alta complexidade. Pode-se citar, como exemplo, a obrigatoriedade dos serviços de Psicologia nas Unidades de Terapia Intensiva, na assistência à gestante de alto risco, nos centros de atendimento em oncologia, nas unidades de internação em hospital geriátrico, atendimento hospitalar de pacientes crônicos, pacientes em tratamento da obesidade e nas unidades de assistência em alta complexidade cardiovascular (CRP-PR, 2007).

Desta forma, profissionais de psicologia hospitalar continuaram buscando ampliar o campo de atuação cada vez mais, sendo uma área em constante construção visto que a prática profissional perpassa um contínuo processo de aprimoramento e, embora muitas portarias apontem para a necessidade dos serviços de Psicologia em hospitais, muito ainda precisa ser feito.

DAS ATRIBUIÇÕES DE PROFISSIONAIS DE PSICOLOGIA HOSPITALAR

Conforme expõe o Conselho Regional de Psicologia - 4ª Região - Minas Gerais (CRP-MG, 2021), as atribuições de profissionais de psicologia hospitalar devem ser desenvolvidas de acordo com disposto na referida na Resolução CPF nº 13/2007 (CFP, 2007) com intervenções direcionadas ao paciente, seus familiares e equipe de saúde, sempre focadas no processo de adoecimento, hospitalização e nas repercussões emocionais que emergem neste processo e que interferem nas relações interpessoais.

Ressalta-se que as intervenções na área são fundamentalmente multiprofissionais e interdisciplinares, abrangem desde a assistência propriamente dita, nos diversos níveis de atenção à saúde, à promoção de saúde e educação da população, e deve colaborar com o processo de humanização que visem integrar as ações conjuntas entre profissionais e gestores, seguindo os princípios e diretrizes do HumanizaSUS – Política Nacional de Humanização (PNH) (BRASIL, 2010).

A assistência psicológica pode ser prestada a qualquer paciente hospitalizado, nas diferentes especialidades médicas. Podem ser desenvolvidas diferentes modalidades de intervenção, dependendo da demanda e da formação da profissional que irá desenvolver o trabalho (CFP, 2007), porém é preciso considerar o limite de tempo imposto pela duração do processo de internação e, por isso, profissionais de psicologia deverão adotar intervenções breves visto que o *setting* terapêutico, a dinâmica de atendimento e o contexto são diferentes de uma clínica e consultório particular.

Assim, segundo CRP-MG (2021), profissionais de psicologia hospitalar devem estabelecer alguns objetivos no trabalho a ser desempenhado no campo da Psicologia da Saúde e Hospitalar, sempre considerando a necessidade de

> [...] apreender a área da Psicologia como prática socialmente articulada nas Instituições de Saúde, inseridos num contexto maior, a instituição em si, a saúde como bem da coletividade, em amplitude bem maior do que a consideração dos fatores patógenos que incidem no plano individual. (CHIATONNE, 2011, p. 96).

Nas atribuições com relação à organização dos serviços, profissionais de psicologia deverão zelar pela garantia de mecanismos de contrarreferência do paciente, do hospital para a Rede de Atenção Psicossocial (RAPS) ou outros serviços, que integram o SUS, realizados junto à equipe de saúde, de modo responsável e eficaz, quando necessário. Deve ainda favorecer o processo de democracia institucional e do exercício da cidadania dos pacientes e de seus familiares (CRP-MG, 2021).

DAS COMPETÊNCIAS DE PROFISSIONAIS DE PSICOLOGIA HOSPITALAR

Conforme recomendações do Conselho Regional de Psicologia – 4ª Região – Minas Gerais (CRP-MG, 2021), compete a profissionais de psicologia hospitalar:

- Avaliar o grau de comprometimento emocional causado pela doença, tratamento e/ou internações, proporcionando condições para o desenvolvimento ou manutenção de capacidades e funções não prejudicadas pela doença, tanto a pacientes como a seus familiares.
- Favorecer ao paciente a expressão de sentimentos sobre a vivência da doença, tratamento e hospitalizações, [...] facilitando a ampliação da consciência adaptativa do paciente, ao minimizar o sofrimento inerente ao ser e estar doente.
- Fazer com que a situação de doença e tratamento sejam bem compreendidas pelo paciente, evitando sempre que possível, situações difíceis e traumáticas, favorecendo a participação ativa do paciente no processo.
- Detectar e atuar frente aos quadros psicorreativos decorrentes da doença, do afastamento das estruturas que geram confiança e segurança ao paciente, quebra do cotidiano e diferentes manifestações causadas pela doença e hospitalização.
- Detectar condutas e comportamentos anômalos à situação de doença e hospitalização, orientando e encaminhando para tratamento específico.
- Detectar precocemente antecedentes ou alterações psiquiátricas que possam comprometer o processo de tratamento médico, orientando e encaminhando a serviços especializados.
- Melhorar a qualidade de vida dos pacientes, facilitar a integração dos pacientes nos serviços e unidades.
- Fornecer apoio e orientação psicológica aos familiares dos pacientes internados, incentivando a participação da família no processo de doença (CHIATONNE, 2011).

- Contribuir para a criação de mecanismos para a saúde mental dos trabalhadores, como dispositivos de acolhimento, rodas de conversa, participação no processo de educação permanente com a discussão, de modo interativo, de temas relacionados à morte, sentido da vida, espiritualidade, entre outros, pertinentes ao cuidado em saúde dos pacientes/familiares e dos próprios trabalhadores.

QUALIFICAÇÃO PROFISSIONAL E REQUISITOS PARA ATUAÇÃO EM PSICOLOGIA HOSPITALAR

O Conselho Regional de Psicologia – 4ª Região – Minas Gerais (CRP-MG, 2021) compartilho informações quanto à qualificação mínima para o exercício no campo da Psicologia Hospitalar.

Apesar de as portarias ministeriais não exigirem o título de especialista em Psicologia Hospitalar para o profissional ingressar nas instituições de saúde, é certo que esta atuação requer um conhecimento específico. Assim, segundo o Código de Ética Profissional da Psicologia (CFP, 2005), essa deverá atuar com responsabilidade, por meio de contínuo aprimoramento profissional, contribuindo para o desenvolvimento da Psicologia como campo científico de conhecimento e de prática.

E ainda, é de sua responsabilidade prestar serviços psicológicos de qualidade utilizando princípios, conhecimentos e técnicas reconhecidamente fundamentados na ciência psicológica, na ética e na legislação profissional. (CFP, 2005, Inciso IV dos Princípios Fundamentais e alínea c do art. 1º)

A qualificação profissional pode ocorrer através de Cursos de Pós graduação em Psicologia Hospitalar e especializações na área. Outra alternativa, de acordo com a Resolução CFP nº 02/01, "para as(os) psicólogas(os) com mais de dois anos de inscrição no CRP, que estejam em pleno gozo dos seus direitos e que possam comprovar prática profissional na especialidade no mesmo período", é fazer o concurso de provas (exames teóricos e práticos) realizados pelo CFP, para obter o título de especialista em Psicologia Hospitalar.

Além disso, segundo o CRP-MG (2021), a coordenação da equipe de Psicologia deve ser realizada por profissionais de psicologia especialista e/ou com conhecimento na área, assim como a supervisão de acadêmicos estagiários em Psicologia Hospitalar.

AVALIAÇÃO PSICOLÓGICA HOSPITALAR

Com traz Simonetti (2004), o foco da psicologia hospitalar está voltado para os aspectos psicológicos do adoecimento. E esses aspectos estão nas pessoas, por exemplo, paciente, família e equipe. Portanto, mais do que considerar esse fenômeno individualmente, a psicologia hospitalar se preocupa com a relação entre elas procurando facilitar os relacionamentos.

Neste sentido, Simonetti (2004, p. 18) denomina de **Tríade da Relação** que compreende **paciente-família-equipe de saúde**:

Gráfico 1 – Focos da Psicologia Hospitalar

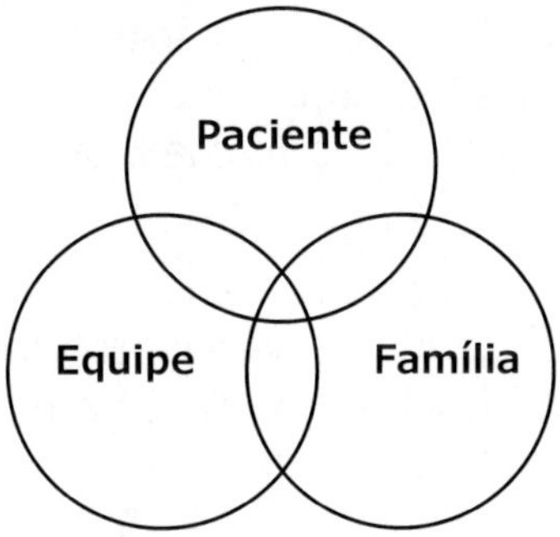

Fonte: Simonetti (2004, p. 18)

A partir desta tríade, profissionais de psicologia hospitalar podem investir sua intervenção, ou seja, a **Tríade da Ação** como bem pontua Simonetti (2004) que compreende a **doença-internação-tratamento**. Assim, profissionais de psicologia hospitalar, através de sua escuta ativa, podem fazer uma avaliação psicológica hospitalar tendo como foco o paciente, sua família e equipe investigando aspectos psicológicos que podem estar relacionados à doença, internação e tratamento.

A atuação de profissionais de psicologia no contexto hospitalar e, consequentemente suas avaliações, podem ocorrer tanto com pacientes internados como, também, mediante atendimentos ambulatoriais, em consultas especializadas.

Segundo Conselho Regional de Psicologia – 8ª Região – Paraná (CRP-PR, 2016), durante a internação hospitalar, a Avaliação Psicológica pode ser solicitada por diferentes profissionais da área de saúde. Isso vai depender do fluxo de cada unidade, instituição, setor. Uma das formas é o pedido de solicitação de parecer como no nosso caso no Hospital Agamenon Magalhães (HAM) ou como traz a literatura, de interconsulta.

Segundo Botega (2006), a interconsulta se refere à atuação de um profissional, por exemplo, da saúde mental que irá avaliar e, posteriormente, indicar um tratamento/parecer para pacientes que estão sob cuidados de outros especialistas. A partir de sua avaliação, profissionais de psicologia poderão auxiliar no diagnóstico do paciente, na melhor compreensão do quadro psicológico deste, na condução do tratamento de questões psicológicas, neuropsicológicas, psicossociais e interpessoais decorrentes ou não da situação de internação, além de fornecer orientações e realizar trabalho psicoeducativo com pacientes e familiares (CRP-PR, 2016).

Entre os procedimentos realizados nesse contexto, destaca-se a entrevista, que muitas vezes será semiestruturada em virtude das características da população clínica atendida ou até mesmo aberta de modo a facilitar o vínculo com o paciente gerando maior fluidez e sendo menos invasiva. Conforme CRP-PE (2016), esta etapa é importante, pois uma entrevista detalhada e bem conduzida permitirá obter informações cruciais para a elaboração de hipóteses e, posteriormente, o diagnóstico clínico, psicopatológico e/ou neuropsicológico.

Garcia (2018) traz algumas recomendações para realização da entrevista apontando que ela deve conter:

- **Identificação:** Nome, idade, estado civil, data de internação, médico responsável, diagnóstico médico e outras informações que julgar necessário. Aqui é o espaço em que se pode perguntar e conhecer mais sobre a história de vida do paciente e o que o levou ali.
- **Estado Emocional Geral:** Questionar sobre as condições emocionais do paciente de forma geral, desde a situação doença (pré-internação), internação e se houve alguma modificação após internação.
- **Sequelas Emocionais:** Possíveis consequências emocionais que o paciente tenha por causa da internação podem ser questionadas. Neste momento, mais do que perguntar, observavam-se também as reações do mesmo.
- **Temperamento Emocional Observado:** Questionar e observar o humor do paciente com relação ao ambiente, com a situação, com a equipe de saúde responsável e se houve um mínimo de adaptação do mesmo com relação à nova situação. Se ele se apresenta tranquilo, choroso, com humor eutímico etc. Aqui é importante distinguir e ter sensibilidade para compreender um humor eutímico (dentro do esperado) de um quadro de sofrimento psíquico patológico visto que, no contexto de internação, é comum que pacientes estejam ansiosos e tristes por conta da hospitalização o que não quer dizer que seja uma questão psicopatológica, mas uma resposta esperada do organismo diante da situação. É preciso bastante atenção!
- **Postura Frente à Doença e à Vida:** É possível questionar e observar neste momento se há tendências suicidas e qual valor o mesmo dá a própria vida.
- **Estado Atual Frente à Hospitalização:** A reação do paciente frente à hospitalização e doença. Se há uma negação do mesmo, se este está barganhando sua

condição de estar hospitalizado (tenta negociar para sair do ambiente), transmite revolta, aceitação ou até se há ganhos secundários por estar na atual situação.

A partir disso, três pontos podem ser considerados para avaliação psicológica no contexto hospitalar em casos práticos segundo Garcia (2018):

- **Questionário Específico:** Instrumento elaborado para compreender a história do paciente podendo ser realizado com ele mesmo ou algum familiar próximo. Não só compreender, mas ajudar o paciente ou familiar a identificar e entender cronologicamente o que está acontecendo mediante a doença.
- **Avaliação Psicossocial:** Esta avaliação procura entender o meio social (grupos e cultura) que o paciente está envolvido, ou já esteve envolvido na infância, adolescência e outras etapas da vida até a atualidade e intersecção com sua subjetividade.
- **Exame Psíquico:** Recolher informações técnicas do paciente como consciência, pensamento, linguagem, memória e outros fatores voltados para cognição mediante fala e observação.

Com estas informações em mãos, é papel de profissionais de psicologia mapearem, caso necessário, outras ferramentas e instrumentos para levantar informações e complementar sua avaliação.

Como traz o CRP-PR (2016), existem instrumentos específicos desenvolvidos para a utilização no contexto hospitalar que poderão auxiliar profissionais de psicologia na realização de sua avaliação. Contudo, é importante destacar que a maior parte desses instrumentos não é de uso exclusivo da Psicologia, sendo desenvolvido para a utilização por profissionais da área da saúde que atuam com pacientes hospitalizados. Assim sendo, caberá aos profissionais conhecerem os instrumentos a fundo e avaliar se ele se adequa a sua prática profissional.

Entre eles, pode-se destacar o Mini Exame do Estado Mental (MEEM) (Folstein et al., 1975), a versão brasileira da MoCA (Montreal Cognitive Assessment) (Sarmento, 2009) e a Escala Hospitalar de Ansiedade e Depressão (Marcolino et al., 2007; Botega et al., 1995; Zigmond & Snaith, 1983).

O Mini Exame do Estado Mental (MEEM) (Folstein et al., 1975) é o teste mais utilizado para avaliar a função cognitiva por ser rápido (em torno de 10 minutos), de fácil aplicação, não requerendo material específico. Deve ser utilizado como instrumento de rastreamento não substituindo uma avaliação mais detalhada, pois, apesar de avaliar vários domínios (orientação espacial, temporal, memória imediata e de evocação, cálculo, linguagem-nomeação, repetição, compreensão, escrita e cópia de desenho), não serve como teste diagnóstico, mas sim para indicar funções que precisam ser investigadas (ANEXO I).

É um dos poucos testes validados e adaptados para a população brasileira. Pode ser utilizado *online* através da Biblioteca Virtual em Saúde no *link*: https://aps.bvs.br/apps/calculadoras/?page=11. Além disso, as folhas dos outros instrumentos abaixo também podem ser encontradas em sites na internet estando de livre acesso.

A versão brasileira da MoCA (Montreal Cognitive Assessment) (Sarmento, 2009) é um instrumento de triagem breve que avalia uma ampla gama de funções cognitivas (como as funções executivas, habilidades visuoespaciais, nomeação, recuperação da memória, dígitos, sentença, raciocínio abstrato e orientação) necessários para contribuir com o diagnóstico do Comprometimento Cognitivo Leve (CCL) e de demência (ANEXO II).

A Escala Hospitalar de Ansiedade e Depressão (Marcolino et al., 2007; Botega et al., 1995; Zigmond & Snaith, 1983) é um instrumento para a avaliação da ansiedade e da depressão composto por 14 itens sendo 7 para avaliar ansiedade e 7 para avaliar depressão. Ele também pode ser utilizado a partir de um ou outro grupo de 7 questões caso a avaliação seja apenas de uma psicopatologia (ANEXO III).

Com base no exposto, a partir da Avaliação Psicológica do paciente, podem-se identificar quais as possibilidades de atuação para com o paciente e seus familiares, como propiciar ao paciente uma melhor adesão ao tratamento, adaptação à internação, minimização do sofrimento causado pela hospitalização e por eventuais sequelas emocionais decorrentes desse processo, compreensão de sua condição clínica, processo de saúde-doença e aceitação do paciente e familiares, compreensão do diagnóstico e orientações específicas nos ambulatórios especializados, entre outros.

Dessa forma, é fundamental o desenvolvimento de protocolos de avaliação de pacientes para o desenvolvimento de linhas de tratamento e intervenções mais eficientes. Importante lembrar, também, que a atuação no contexto hospitalar é multiprofissional, ou seja, envolve profissionais de diversas áreas da saúde, entre eles médicos, enfermeiros, assistente sociais, profissionais de psicologia, assistentes sociais, fonoaudiólogos, fisioterapeutas e terapeutas ocupacionais, com o objetivo de proporcionar uma assistência integral ao paciente e permitir a contribuição científica e metodológica de cada uma dessas áreas.

Assim, cabe a profissionais de psicologia buscarem se inserir na equipe de saúde, compreender o funcionamento e regras da instituição em que está atuando e buscar constantemente redefinir e transformar seus limites de atuação profissional repensando sua prática, objetivando o aprimoramento nesse campo de atuação tão singular e em constate desafio e mutação.

Ademais, não podemos esquecer que, apesar do crescimento dessa área da Psicologia nos últimos tempos em muitas instituições, ainda se observa a ausência de profissionais de Psicologia Hospitalar sendo um número reduzido de profissionais nas instituições que não conseguem atender ao grande número de demandas (superlotação dos hospitais) e, também, desconhecimento e falta de reconhecimento por parte dos profissionais das unidades hospitalares no que tange as possibilidades de atuação de profissionais de psicologia no contexto hospitalar.

MANEJO CLÍNICO E FAMILIAR

O manejo clínico e familiar em psicologia hospitalar constituem um amplo território com desdobramentos que nos permitem compreensão privilegiada da criatividade e flexibilidade do fazer psicológico no ambiente hospitalar e refletir sobre as estratégias terapêuticas. Estratégias estas, que, segundo Simonetti (2004) constituem um "jeito de pensar que orienta o fazer terapêutico" (p. 115).

Apontamos a criatividade do fazer psicológico, ou terapêutico, por conta da diversidade de situações que ensejam manejos diferentes (e criativos) dentro da cena hospitalar. Cena esta que possui diversos atores que nem sempre perseguem o mesmo roteiro e objetivo. É nesse contexto que as estratégias e técnicas utilizadas no atendimento em psicologia hospitalar devem ser constantemente adaptadas, buscando a melhor evidência clínica possível, para cada situação clínica (Simoneti, 2004).

Fatores como despersonalização do paciente, *setting* terapêutico, realidade institucional da unidade hospitalar e características e condições individuais e sociais dos pacientes e familiares fazem emergir necessidades distintas (Angerami-Camon, 2010), e junto com elas novas possibilidades de ampliar a potência do fazer terapêutico da psicologia no hospital.

Pode-se dizer, ainda em alusão a Simonetti (2004), que o manejo clínico se dirige a interação entre paciente, família e equipe de saúde como já apontado. Nas referências técnicas para atuação de profissionais de psicologia nos serviços hospitalares do SUS (CFP, 2019) encontramos que, em geral, o paciente se configura o ator de destaque quando surge uma demanda de sofrimento psicológico ou outras questões relacionadas a dimensão psicológica do adoecer e seus significados. No manejo clínico do paciente, cabe ao profissional de psicologia responsável uma atenção ao que se passa a nível subjetivo com o paciente durante o processo de adoecimento, buscando identificar reações emocionais prevalentes, fatores potencialmente estressores e pensar estratégias de manejo que se adaptem a singularidade do paciente (Angerami-Camon, 2010).

Aqui se compreende a impossibilidade de utilização de manuais pouco flexíveis e que não considerem a singularidade e diversidade do humano em seus desdobramentos subjetivos presentes em todas as etapas de internação no contexto hospitalar (Simoneti, 2004).

Realiza-se a reflexão de que se faz necessária a utilização de um fazer psicológico criativo não pela ausência de protocolos a serem seguidos, mas buscando abarcar (e respeitar) a singularidade do paciente. Como apontam as referências técnicas para atuação de profissionais de psicologia nos serviços hospitalares do SUS:

> *A Psicologia no hospital objetiva dar voz à subjetividade, aproxima-se do paciente em sofrimento, favorecendo a elaboração simbólica do adoecimento, a travessia do tratamento necessário e trabalhando no sentido de validar sentimentos presentes entrando em contato com as dificuldades do momento que pode parecer insuportável e infinito. Deste modo, a prática clínica psicológica em um contexto como o hospital acontece dirigida ao ser que adoece frente às diversas patologias e os diferentes espaços de atendimento. Onde houver sofrimento e desadaptações, o trabalho da(o) psicóloga(o) incide nos aspectos subjetivos e emocionais do adoecimento, assim como nos possíveis desdobramentos relacionados ao tratamento, recuperação, sequelas, cuidados paliativos e óbito (CFP, 2019, p. 33).*

Esperamos, assim, fazer compreensível a especificidade e complexidade do manejo clínico do paciente em psicologia hospitalar e suas nuances, e passamos a destacar o manejo familiar como outra área que necessita de criteriosa atenção. Cada família também reage de forma singular ao processo de adoecimento e internamento em unidades hospitalares. Essa reação depende de múltiplos fatores, como a gravidade da condição clínica, histórias anteriores de adoecimento e morte de pessoas com relevância afetiva ao círculo familiar, local ocupado pelo paciente no âmbito familiar, faixa etária do paciente e prognóstico da doença, que se destacam em meio a outras possibilidades que impactam o sistema familiar e seus modos de funcionamento (SIMONETI, 2004; ANGERAMI-CAMON, 2010).

Angerami-Camon (2004) destaca a família como parte inerente da vida do paciente, logo, o trabalho psicológico junto aos familiares constitui etapa igualmente importante da abordagem da psicologia hospitalar. Apesar de esta etapa ser complexa e, por vezes, delicada, precisamos considerar que a família é um dos sistemas fundamentais do paciente podendo servir de apoio e trazer alívio ao paciente. No entanto, não podemos eleger a família como uma instância imune aos abalos emocionais e crises provenientes de diagnósticos, prognósticos e notícias difíceis.

Frente as incertezas (ou certezas difíceis) que afetam a família no ambiente hospitalar, o profissional de psicologia deve observar, em seu fazer terapêutico, não apenas os estudos acadêmicos sobre a família, mas realizar a análise das relações daquela família dentro do contexto hospitalar (SIMONETI, 2004). A realidade institucional da família no ambiente hospitalar, na percepção de Angerami-Camon (2004) possui dois fatores importantes a serem levados em consideração:

> ...no hospital a família vive uma ansiedade que envolve o restabelecimento físico do paciente, fato que de forma genérica faz com que toda e qualquer abordagem psicológica leve necessariamente esses aspectos em consideração...
>
> e a perspectiva de que o paciente possa ficar em definitivo longe do seio familiar — seja pela morte, pela invalidez ou por longos períodos de hospitalização — faz com que os membros da família sofram com intensidade o processo de hospitalização (ANGERAMI-CAMON, 2004, p. 33).

A ansiedade pelo restabelecimento físico do paciente e o nível de sofrimento psicológico e angústia decorrente do processo de hospitalização habitam o imaginário da família, mobilizando conteúdos que emergirão no contexto hospitalar em comportamentos que demandarão intervenções e, por vezes, acompanhamento (BAPTISTA *et al.*, 2018). Dessa forma, o sistema familiar se constitui um ator importante na abordagem da psicologia hospitalar, abrindo possibilidades de intervenções criativas, que respeitem a singularidade do sistema familiar e favoreçam a emergência da flexibilidade psicológica para lidar com a situação/condição de internamento hospitalar.

O TRABALHO EM EQUIPE MULTIPROFISSIONAL

Segundo o CRP-MG (2021), em muitas situações, a inserção de profissionais de psicologia em serviços de saúde, é estabelecida através de portarias e resoluções do Ministério da Saúde e as atividades desses profissionais estão sujeitas a avaliação em auditorias e inspeções realizadas nas instituições de saúde.

Para aqueles serviços em que a assistência psicológica já é prevista nessas portarias ministeriais, o processo assistencial deverá ser estruturado consoante o que está previsto pelo Ministério da Saúde, buscando sempre a sua ampliação. Dessa forma, "é necessária uma consulta permanente à legislação por parte da profissional, a fim de atuar na área de forma comprometida, crítica e consciente, além de assegurar espaço de atuação da categoria na política atual de saúde" (MIRANDA, LIMA, SANTOS, 2016, p. 76).

Além disso, como expõe o CRP-MG (2021), profissionais de psicologia, ao compor a equipe de saúde, precisa ter a sua atuação sistematizada pelas Normas Mínimas de Funcionamento das Unidades Hospitalares (Urgência e Emergência, Terapia Intensiva, Internação, Centros de Diálise e de tratamento Oncológico ambulatoriais, Programas de Assistência Domiciliar...) e respaldadas por estudos e pesquisas, que fundamentam a observação, a avaliação e a clínica psicológica, procurando alcançar metas e objetivos propostos por cada serviço de saúde.

A organização dos processos assistenciais deve seguir uma escala mínima de profissionais, como ocorrem em outros campos da saúde, como a enfermagem, fisioterapia etc. Para tal, deverá ser considerada a necessidade de profissionais que possam cobrir períodos de férias e afastamentos de profissionais titulares para que o trabalho seja efetivo e eficaz nas diversas unidades hospitalares e de saúde, e que ocorra de maneira ininterrupta (CRP-MG, 2021).

REGISTRO EM PRONTUÁRIO E ENCAMINHAMENTOS

A Resolução CFP nº 01/2009 que dispõe sobre a obrigatoriedade do registro documental decorrente da prestação de serviços psicológicos (CFP, 2009) torna obrigatório, seja qual for a área de atuação, o registro psicológico em seu artigo 1º.

No campo da Psicologia Hospitalar, o registro psicológico é realizado no prontuário (eletrônico e/ou físico), que é um documento único constituído de um conjunto de informações geradas a partir de fatos, acontecimentos e situações sobre a saúde/doença da pessoa hospitalizada e a assistência a ela prestada.

O registro dessas informações deve ser feito a cada atendimento, seguindo um ordenamento cronológico, devendo constar, além da data, o horário em que foi realizado o atendimento. Deve constar ainda a identificação da profissional que o realizou, assinado eletronicamente quando elaborados e/ou armazenados em meio eletrônico. Nos prontuários em suporte de papel, é obrigatória a legibilidade da letra da profissional bem como a identificação com o número do CRP de quem efetuou o atendimento, por se tratar de um documento legal. Todas as informações registradas devem ser resguardadas pelo sigilo profissional consoante o código de ética da categoria. (MIRANDA, LIMA, SANTOS, 2016).

Vale lembrar também que, no caso do trabalho em equipe multiprofissional, onde o prontuário é único, o que deve constar neste é o resultado da avaliação psicológica e do acompanhamento psicológico, tal qual enfatiza o Código de Ética do Psicólogo (CFP, 2005, p. 12), artigo 6º: "Compartilhará somente informações relevantes para qualificar o serviço prestado, resguardando o caráter confidencial das comunicações, assinalando a responsabilidade de quem as recebeu de preservar o sigilo.

O Código de Ética ressalta no Art. 12: "Nos documentos que embasam as atividades em equipe multiprofissional, o psicólogo registrará apenas as informações necessárias para o cumprimento dos objetivos do trabalho" (CFP, 2005, p. 13).

Moerschberger, Cruz e Langaro (2017, p. 95), através de suas práticas, identificaram alguns pontos básico para o registro em prontuário conforme tabela a seguir sugerida pelos autores:

Tabela 1 – Informações Úteis a Serem Registradas em Prontuário

SOLICITANTE	• Equipe • Família • Paciente
DEMANDA PRINCIPAL	• Quadros ansiosos e depressivos • Conflitos com a equipe • Conflitos com familiares • Falta de informações sobre os procedimentos e/ou diagnóstico
ASPECTOS AVALIADOS	• Exame do estado mental • Estado emocional • Estrutura egoica • Traços de personalidade • Realidade psicossocial • Vínculos familiares e rede de apoio • Relação com a equipe assistencial • Estratégias de enfrentamento • Mecanismos de defesa • Reação à doença e à hospitalização • Hipótese psicodiagnóstica
FERRAMENTAS	• Entrevistas com pacientes e/ou familiares • Testes psicológicos (HTP, BECK, WISC, WAIS, TAT) • Escalas de rastreio cognitivo (MOCA, MEEM) • Escalas de ansiedade e depressão (HADS)
CONDUTA	• Psicoterapia breve focal • Psicoterapia de grupo • Psicoeducação • Descrição do tipo de atendimento (pontual ou se terá continuidade) • -encaminhamentos realizados • Avaliação familiar • Se foi realizado atendimento multiprofissional (fisioterapeuta, enfermeiro, médico, assistente social, entre outros)

Fonte: Moerschberger, Cruz e Langaro (2017, p. 95)

Em relação ao sigilo profissional, a resolução CFP nº 01/2009 também faz menção à restrição do compartilhamento de informações; ao sigilo e à privacidade. O sigilo profissional visa preservar a privacidade do indivíduo. A profissional da Psicologia Hospitalar, neste sentido, ao fazer o registro no prontuário, seja eletrônico ou em papel, está sujeita às normas estabelecidas na Constituição Federal, art. 5º, X (BRASIL, 1988), no Código Civil, art. 186 (BRASIL, 2002), no Código Penal art. 154 (BRASIL, 1940), na Lei Geral de Proteção de Dados Pessoais (LGPD) e no Código de Ética Profissional, art. 9º, art. 10, § único, art. 12 (CFP, 2005) (MIRANDA, LIMA, SANTOS, 2016).

A redação do registro no prontuário deve seguir os princípios técnicos da linguagem escrita formal, que deve ser bem estruturada e definida, expressando com clareza o que se quer comunicar à equipe. Além disso, deve ser conciso, com emprego de linguagem precisa e inteligível e com base nos princípios técnicos da profissão (CFP, 2003). É importante que o registro privilegie informações que possibilitarão à equipe de saúde compreender a condição emocional do doente hospitalizado bem como definir condutas terapêuticas. (MIRANDA, LIMA, SANTOS, 2016). O registro deve ser escrito na forma impessoal, na terceira pessoa, baseando nas normas cultas da língua portuguesa e na linguagem técnica da Psicologia, conforme artigo 6º da Resolução CFP nº 06/2019 (CFP, 2019).

De acordo com o artigo 2º da Resolução CFP 01/2009 (CFP, 2009), é importante conter no registro em prontuário qual a abordagem inicial adotada por profissionais de psicologia no contato com o paciente, indicando tipo de atendimento que foi realizado (avaliação psicológica, atendimento psicológico individual, em grupo, abordagem transdisciplinar ao paciente etc.);

A origem e avaliação da demanda, bem como o que motivou a solicitação do atendimento;

Os dados obtidos na avaliação/observação clínica, informando sobre a condição emocional do paciente em relação à internação e adoecimento;

A definição dos objetivos do trabalho, que se refere ao detalhamento da estratégia terapêutica a ser adotada com a descrição do número de sessões semanais (frequência do atendimento) e se envolverá também os familiares/acompanhantes;

Caso seja feita alguma orientação ou encaminhamento, proceder ao registro destas informações para que tenha valor documental. (MIRANDA, LIMA, SANTOS, 2016).

A confecção de qualquer outro documento (declaração, atestado psicológico, relatório psicológico ou multiprofissional, laudo e parecer psicológico deverão seguir ao que está disposto na Resolução CFP nº 06/2019 (CFP, 2019).

SAÚDE E SEGURANÇA OCUPACIONAL

Uma questão importante trazida pelo CRP-MG (2021), diz respeito a questão da Saúde e Segurança Ocupacional que são os cuidados necessários que todo profissional precisa ter para não adquirir Infecções Relacionadas à Assistência à Saúde (IRAS).

Elas estão associadas ao ambiente hospitalar e também a locais onde são realizados procedimentos e práticas de assistência à saúde – tais como clínicas, consultórios, domicílios, serviços ambulatoriais (BRASIL, 2013; MIRANDA, 2019).

Neste sentido, o CRP-MG (2021) recomenda:

- O acompanhamento das profissionais de psicologia hospitalar, quanto à realização de seus exames periódicos, ao monitoramento do programa de vacinação obrigatório às profissionais de saúde, além de instruções quanto às medidas de precauções padrões e normas de biossegurança.
- A orientação aos acadêmicos de Psicologia quanto a estas medidas, antes de iniciar o estágio, pelo fato de a prática no hospital implicar em riscos associados ao contato com o paciente que se encontra enfermo.

- Por estar sob risco de constante exposição a doenças contagiosas, é importante que a profissional conheça o seu nível imunitário relativo às infecções e busque as vacinas como formas de proteção.
- Se profissionais de psicologia estiverem "em situações de risco de contágio, ou do contágio propriamente dito deverá procurar se orientar junto à equipe e à Comissão de Controle de Infecção Hospitalar (CCIH), no sentido de se resguardar e proteger a sua saúde por meio da profilaxia medicamentosa pós-exposição". (MIRANDA, 2019, p. 360).
- O direito do profissional ao adicional de insalubridade se dará mediante a caracterização e a classificação da insalubridade, de acordo com a sua atividade e ambiente de trabalho, o que será realizado por meio de avaliação do Médico do Trabalho. Profissionais de psicologia precisam estar atentos a estas questões, aos riscos e direitos inerentes à sua prática enquanto profissional de saúde [...] e buscar os seus direitos que têm como base legal a Consolidação das Leis do Trabalho (CLT) (MIRANDA, 2019) e orientações do Sindicato dos Psicólogos de Minas Gerais (PSIND-MG).

CAPÍTULO 2
ATUAÇÃO DA PSI HOSPITALAR, LUTO E CUIDADOS PALIATIVOS

Alessandra Antunes
Felipe Cazeiro
Silvana Lima

Os cuidados paliativos, de acordo com a Organização Mundial da Saúde – OMS (2017), são uma abordagem de cuidados voltados aos pacientes e familiares que enfrentam doenças que ameaçam a vida, promovendo qualidade de vida através da prevenção e do alívio do sofrimento. Para tanto, é necessária a identificação precoce, avaliação e tratamento da dor, seja ela física, psicológica, social ou espiritual.

Segundo a Academia Nacional de Cuidados Paliativos – ANCP (2012, p. 26): "os Cuidados Paliativos desenvolvem o cuidado ao paciente visando à qualidade de vida e à manutenção da dignidade humana no decorrer da doença, na terminalidade da vida, na morte e no período de luto". É necessário considerar que estão envolvidos neste contexto, além do paciente, seus familiares/amigos e os profissionais da saúde que cumprem o papel de cuidador profissional.

Este conceito se traduz em cuidado integral ao indivíduo e, com isto, nos faz pensar que a palavra 'cuidado' vem do latim *cogitatus,* que significa cogitar, pensar, segundo o dicionário Aurélio. Para Boff (2005, p. 29),

> *o cuidado somente surge quando a existência de alguém tem importância para mim. Passo então a dedicar-me a ele; disponho-me a participar de seu destino,*

de suas buscas, de seus sofrimentos e de suas conquistas, enfim, de sua vida (Boff, 2005, p. 29).

Já a palavra 'paliativo' é derivada do latim *pallium* que, segundo Hermes e Lamarca (2013) e a ANCP (2012), nomeia o manto que os cavaleiros usavam nas guerras para sua proteção e cuidado, trazendo tal significado de proteção aos cuidados com pacientes abraçados por esta abordagem. Assim, os cuidados paliativos se definem pela proteção dada a outrem com o objetivo de amenizar suas dores e sofrimentos, possibilitando a construção de novas significações como forma de cuidado. Tais cuidados são direcionados a pacientes com doenças graves, em progressão, que potencialmente ameaçam a vida.

Neste sentido, a compreensão de "doença terminal" ou "paciente terminal" é substituída por esta terminologia e entendimento visto que os cuidados paliativos estão presentes durante todo o tratamento, ainda que exista proposta curativa. Isto é, há sempre o que fazer quando pensamos que as propostas terapêuticas se esgotaram e a terminalidade da vida não é um fim que se encerra em si mesmo. Essa mudança é importante por ir na contramão da impotência da assistência promovendo maior humanização e acolhimento a pacientes com doenças ameaçadoras da vida.

Embora os cuidados paliativos seja uma abordagem que ainda está em processo de construção e consolidação, há um percurso histórico que a precede. De acordo com a ANCP (2012), na Idade Média, existiam casas de passagem, chamadas de *"hospices"* que abrigavam e cuidavam de peregrinos e viajantes e suas características principais eram o afeto e o acolhimento antes mesmo da busca pela "cura". Também acolhiam indivíduos que não se enquadravam no padrão social como, por exemplo, os moribundos, mulheres grávidas, enfermos, órfãos, entre outros.

Com o passar do tempo, estas casas passaram a ter características de hospitais e, em 1967, Cicely Saunders, graduada em enfermagem, assistência social e medicina, fundou o *St. Christopher's Hospice*, o primeiro *hospice* a oferecer cuidado paliativo integral aos enfermos, considerando aspectos físicos, emocionais e psicológicos, introduzindo dessa forma o Movimento *Hospice* Moderno (ANCP, 2012).

No Brasil, o movimento de instaurar os cuidados paliativos começou nos anos 70, porém ainda com pouca força. A partir dos anos 90, os primeiros serviços começaram a ser organizados. De acordo com a Academia Nacional de Cuidados Paliativos (2012), criada em 2005, o Professor Marco Túlio de Assis Figueiredo abriu os primeiros cursos e atendimentos com filosofia paliativista na Escola Paulista de Medicina – UNIFESP/EPM.

Ressaltam-se também outros serviços importantes e pioneiros no Brasil, como o Instituto Nacional do Câncer (INCA), do Ministério da Saúde, que em 1998, inaugurou o hospital Unidade IV com dedicação exclusiva aos Cuidados Paliativos. No entanto, no local já aconteciam atendimentos a pacientes fora da possibilidade de cura desde 1986. Porém, o primeiro serviço voltado aos cuidados paliativos no Brasil foi desenvolvido em 1983 no Rio Grande do Sul, no Hospital de Clínicas de Porto Alegre (Botega, Souza & Botega, 2012).

A regulamentação profissional do paliativista brasileiro teve avanço com a criação da ANCP, ocorrendo discussões com o Ministério da Saúde, Ministério da Educação, Conselho Federal de Medicina (CFM) e a Associação Médica Brasileira (AMB). Em 2009, os Cuidados Paliativos foram incluídos como princípio fundamental no Código de Ética Médica do CFM. Atualmente, existem movimentos de aspectos jurídicos que estão trazendo voz e abrindo espaços para a consolidação dos cuidados paliativos como, por exemplo, a Resolução nº 41, de 31 de outubro de 2018 (BRASIL, 2018), que fala sobre diretrizes para a organização dos cuidados paliativos como forma de cuidados continuados integrais no âmbito do Sistema Únicos de Saúde (SUS). Ou seja, percebe-se a completude desta abordagem, pois também engloba a temática jurídica para garantir e pensar direitos dos envolvidos neste contexto, fazendo valer a visão bioética.

É importante mencionar que o tema dos cuidados paliativos, como vemos hoje em dia, é um tema ainda recente que se difundiu devido à crescente população de idosos no brasil.

De acordo com a Rede Interagencial de Informações para a Saúde (RIPSA, 2008), a população de idosos, no Brasil, está em constante progressão, estando associado à redução das taxas de fecundidade e também ao aumento de esperança de vida.

A ANCP (2012) nos traz que o aumento da tecnologia contribuiu para a transformação de doenças mortais em doenças crônicas como o caso do HIV/AIDS. Dito isto, é possível relacionar o aumento da população de idosos com o aumento de pacientes que vivem com doenças crônicas, fazendo-se necessário o trabalho dos paliativistas, pois, "apesar dos esforços dos pesquisadores e do conhecimento acumulado, a morte continua sendo uma certeza, ameaçando o ideal de cura e preservação da vida, para o qual nós, profissionais da saúde, somos treinados" (ANCP, 2012, p. 23).

No entanto, não somente os idosos são atendidos. Lembremos que os cuidados paliativos são direcionados a pacientes acometidos de doenças potencialmente ameaçadoras da vida, e estas podem acontecer em qualquer período da vida, seja na infância e adolescência, idade adulta e durante o envelhecimento.

Atualmente, no Brasil, existem três tipos de assistência em cuidados paliativos, que são: hospitalar, domiciliar e ambulatorial. O atendimento hospitalar é o mais conhecido e procurado devido à cultura da doença, onde a busca pela cura a qualquer custo está distante da empatia e da compaixão inerentes aos cuidados paliativos. Contudo, o cuidado paliativo transforma essa realidade ao praticar seu olhar sobre a pessoa e não apenas sobre a doença.

De acordo com a ANCP (2012), tais cuidados em ambiente hospitalar possuem três maneiras de ser realizados:

1. Unidade de Cuidados Paliativos, que resulta em um espaço destinado apenas a esses cuidados respeitando sempre seus principais princípios (que serão apresentados no próximo tópico);
2. Equipe Consultora ou Volante, ou seja, uma equipe interdisciplinar mínima, preparada para atendimento

paliativo, que é chamada em qualquer ala do hospital onde se julgue necessário tal serviço, porém, sem assumir a total responsabilidade sobre o atendimento do paciente, que continua a cargo do médico que solicitou o serviço da equipe;

3. Equipe Itinerante, possui o mesmo caráter da equipe consultora, com a diferença de que assume o caso do paciente e o médico que percebeu a necessidade do atendimento paliativo acompanha o caso.

Vale ressaltar que existem hospitais especializados em cuidados paliativos e que atendem somente pacientes e familiares que se enquadram no serviço.

O segundo tipo de assistência é a domiciliar, a qual, em alguns casos, é escolhida pelo próprio paciente e/ou seus familiares tendo sua vontade e autonomia respeitadas quando dentro do escopo de critérios médicos que indicam tal atendimento. A necessidade do cuidado paliativo domiciliar é explorada de forma a balancear os prós e contras juntamente com a análise do contexto, ou seja, analisar a possibilidade da família e do paciente conseguirem lidar com a situação em seus diversos âmbitos como infraestrutura, capacidade de prestar assistência mínima e adequada e questões emocionais de enfrentamento (ANCP, 2012).

Geralmente, esse serviço está vinculado ao hospital, porém com a premissa do conforto e respeito às preferências e subjetividade do paciente e seus familiares. A constância do atendimento depende da gravidade do caso e da forma de funcionamento de cada serviço.

Por último, a assistência ambulatorial atua na assistência primária, secundária ou terciária à saúde, onde os pacientes buscam atendimento ou são encaminhados para estes locais de acordo com a necessidade individual, abordando o indivíduo no âmbito biopsicossocial, segundo a Academia Nacional de Cuidados Paliativos (2012).

Cabe também destacar a importância de uma rede compartilhada de acompanhamento entre todos os serviços de saúde e, dependendo do caso, a necessidade de planejar consultas multidisciplinares por um determinado período, podendo ser de algumas semanas ou meses, para abordar ampla e integralmente os aspectos físicos, emocionais, sociais e espirituais dos pacientes e seus familiares/cuidadores.

Posto isso, aqui focaremos no ambiente hospitalar e em que quem vivencia os cuidados paliativos, ou seja, os pacientes, familiares/cuidadores e os profissionais da saúde, estando permeados e confrontados por diversos sentimentos, quebra de planejamento, mudança e ressignificação do sentido da vida, sofrimento, porém também pelo cuidado e acolhimento a sua individualidade e respeito aos seus desejos e valores.

Segundo a ANCP (2012), os oito princípios norteadores são:

1. Promover o alívio da dor e outros sintomas desagradáveis;
2. Afirmar a vida e considerar a morte como um processo normal da vida;
3. Não acelerar nem adiar a morte;
4. Integrar os aspectos psicológicos e espirituais no cuidado ao paciente;
5. Oferecer um sistema de suporte que possibilite o paciente viver tão ativamente quanto possível, até o momento da sua morte;
6. Oferecer sistema de suporte para auxiliar os familiares durante a doença do paciente e a enfrentar o luto;
7. Abordagem multiprofissional para focar as necessidades dos pacientes e seus familiares, incluindo acompanhamento no luto;
8. Melhorar a qualidade de vida e influenciar positivamente o curso da doença, iniciando o mais precocemente possível, juntamente com outras medidas de prolongamento da vida com qualidade e incluir todas as investigações necessárias para melhor compreender e controlar situações clínicas estressantes.

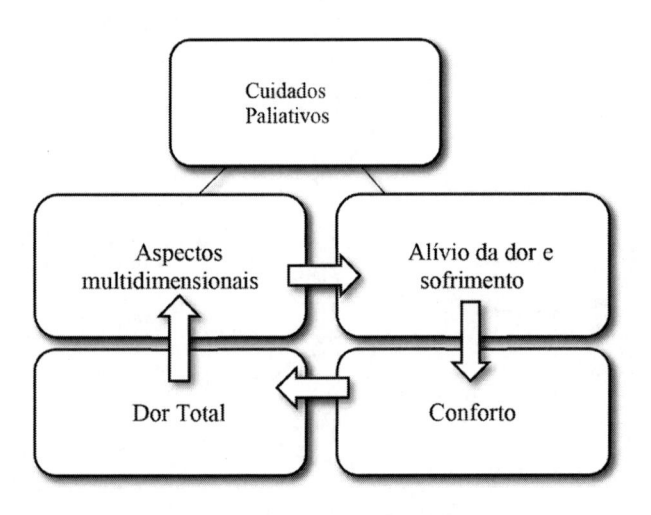

Figura 1 – Cuidados Paliativos

```
            ┌──────────────┐
            │   Cuidados   │
            │  Paliativos  │
            └──────────────┘
            ↙             ↘
┌──────────────────┐   ┌──────────────────┐
│    Aspectos      │ → │  Alívio da dor e │
│ multidimensionais│   │    sofrimento    │
└──────────────────┘   └──────────────────┘
         ↑                      ↓
┌──────────────────┐   ┌──────────────────┐
│    Dor Total     │ ← │     Conforto     │
└──────────────────┘   └──────────────────┘
```

Fonte: Castro *et al*. (2021)

Em outras palavras, os cuidados paliativos tornam-se efetivos quando visam o cuidado ao sofrimento em todas as suas dimensões através do alívio de sintomas e acolhimento da dor total, instigando a experiência subjetiva da morte como parte essencial da vida, que merece ser vivida com autonomia e tomada de decisões que podem envolver ressignificações ou descoberta do sentido da vida e também construções sobre o legado deixado pelo paciente.

Esta autonomia deve sempre ser respeitada ao serem tomadas decisões sobre o tratamento e medidas às quais o paciente será submetido e também sobre as intervenções que serão realizadas com os seus familiares. As decisões também devem ser pautadas na análise do contexto de cada paciente, de acordo com suas condições financeiras, estrutura familiar, acesso à informação e ao tratamento, e no manejo das dores físicas, mentais e espirituais do mesmo, ou seja, considerando a *dor total*, conceito criado por Cicely Saunders que explica que a dor física pode sofrer alterações devido a influências emocionais, sociais e também espirituais (Hennemann-Krause, 2012).

Figura 2 – Conceito de Dor Total

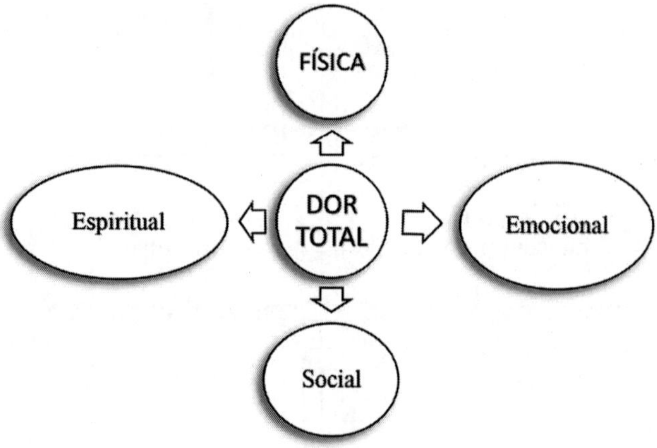

```
              FÍSICA
                ⇧
  Espiritual ⇦ DOR   ⇨ Emocional
              TOTAL
                ⇩
              Social
```

Fonte: Castro *et al.* (2021)

Sabe-se que o indivíduo hospitalizado é um ser complexo que compreende diversas contingências, sendo necessária uma visão mais humanizada e ampla não só da doença como também do indivíduo enquanto paciente e ser humano. Por esta razão, o trabalho paliativo é multiprofissional e interdisciplinar contando com intervenções da medicina, fisioterapia, terapia ocupacional, psicologia, educação física, odontologia, entre outras áreas.

O que difere o olhar de cada área voltado ao paciente com uma doença ameaçadora da vida é a sua concepção de saúde, de indivíduo, e também o seu enfrentamento da morte, podendo ser vista como um fracasso ou uma parte da vida. Na maioria das vezes, estas concepções são atravessadas diretamente pelo grau de compaixão do profissional e por sua subjetividade e não por sua capacitação técnica sobre o tema, de acordo com Arantes (2016).

Segundo Foucault (2004), no início da instituição hospitalar o médico passou a ser a figura principal responsável pelo hospital que é cada vez mais organizado como uma ferramenta de cura e a distribuição do espaço torna-se ferramenta terapêutica.

Contrariando a lógica biomédica, o modelo biopsicossocial acolhe o indivíduo e o seu adoecimento em sua totalidade, fazendo sentido, principalmente, no ambiente de cuidados paliativos. Este modelo abrange também a comunicação efetiva realizada com o paciente e que permite a criação de um vínculo saudável de comunicação entre o profissional, o paciente e os cuidadores, pois no contexto dos cuidados paliativos é comum a transmissão de notícias difíceis e estas precisam ser bastante esclarecidas. Segundo Marco (2006, p. 65), a "boa comunicação é um processo de duas vias: requer tanto fala quanto escuta efetiva", considerando sempre as crenças sobre corpo, saúde e doença do paciente.

A comunicação efetiva é parte importante dos cuidados paliativos no qual estão inseridos os pacientes, familiares e profissionais. Segundo Rodriguez (2014), o adoecimento traz desafios aos pacientes e familiares/cuidadores, seja nas exigências do papel de cuidar, na vivência do luto, sentimentos de difícil elaboração, medo de conversas francas que desacomodam tais sentimentos, entre outros.

Estas contingências podem trazer à tona uma atitude de proteção na tríade equipe-paciente-família, em diferentes proporções a depender da relação estabelecida e portando-se como se as causas e consequências do sofrimento estivessem distantes. Tal proteção acarreta conspiração do silêncio, que se caracteriza por um pacto de ocultamento de informações (Rodriguez, 2014).

Esta conspiração do silêncio pode gerar grandes dificuldades no andamento de todo o processo de cuidado integral. No entanto, como já mencionado, a boa comunicação gera a consolidação de um vínculo saudável entre todos os envolvidos. É importante ressaltar a relevância das crenças sobre a saúde, doença e a morte para uma boa comunicação, tanto por parte de profissionais quanto de pacientes e familiares. Neste ponto, profissionais de psicologia atuam como importante facilitador no diálogo estabelecido entre paciente, família e o quadro profissional, melhorando a qualidade dos cuidados direcionados a este contexto e também dando visibilidade à equidade dos saberes, os quais precisam estar a serviço da população atendida.

Portanto, quando se fala de comunicação efetiva neste contexto, é necessário trazer a possibilidade da comunicação de notícias difíceis. Para Zoccoli, Fonseca e Boaventura (2019), informações capazes de gerar impacto significativo no que diz respeito ao planejamento de vida de determinado indivíduo, são consideradas más notícias ou notícias difíceis. Essa tarefa é complexa e exige competências específicas do profissional de saúde, tais como escuta qualificada, compaixão e práticas de manejo de estresse. Juntamente a isto, faz-se imprescindível a educação continuada, ou seja, aprendizado constante.

Em determinado momento, o fim de vida se torna uma destas notícias e diferentes comportamentos podem aparecer, muitas vezes inesperados, os quais devem ser acolhidos e validados. Portanto, a terminalidade, geralmente, está ligada a ações ruins, interditas, de sofrimento e que se escondem em um manto de silenciamento na sociedade, repleto de conteúdos simbólicos e imaginários. Quando esse processo ocorre dentro de uma instituição hospitalar, a construção desta vivência adquire diferentes proporções e realidades.

Segundo Cruz e Riera (2016), o sujeito-paciente enfrenta uma nova conjuntura em que rotinas e hábitos lhe são impostos, sendo deixados de lado seus desejos, em detrimento do saber técnico, o que não parece adequado diante da premissa de cuidado integral.

O DESAFIO DA MORTE DIGNA

Sabe-se que a morte é carregada de significações intrínsecas a cada indivíduo, cabendo a ele construir suas próprias representações a partir de suas vivências permeadas por circunstâncias socioculturais.

> *O medo é a resposta psicológica mais comum diante da morte. O medo de morrer é universal e atinge*

todos os seres humanos, independente da idade, sexo, nível socioeconômico e credo religioso (Kovács, 1992, p. 15).

Uma das tarefas da equipe de cuidados paliativos visa permitir um encontro saudável do paciente com a sua morte, ou seja, proporcionar a morte digna. Existe um grande debate bioético em torno do que seria a morte digna envolvendo o âmbito ético, médico e jurídico. Para nos aproximarmos de alguma resposta é necessário, primeiramente, conceitualizar os termos que permeiam essa discussão, tais como: eutanásia, distanásia, ortotanásia e kalotanásia.

Figura 3 – Eutanásia, Ortotonásia e Distanásia

EUTANÁSIA	ORTOTANÁSIA	DISTANÁSIA
Antecipar a morte	**Morrer naturalmente**	**Prolongar a morte**
Quando se tem uma doença que não tem cura	Não fazer procedimentos invasivos para prolongar os dias de vida	Morte lenta, com sofrimento e dor
- dias de vida - sofrimento	Morrer na hora certa	+ dias de vida + sofrimento

Fonte: Ludgero (2019)

A ortotanásia, segundo Hübner (2013), é um processo que, por meio dos cuidados paliativos, visa não encerrar antecipadamente e também não prolongar abusivamente a vida do paciente em sofrimento, pretendendo alcançar a melhor conduta a ser tomada em relação à morte no tempo do paciente. "Esta se compromete com o bem estar do enfermo e enfrenta a morte não como inimigo a exterminar, ou doença a curar, mas como um fenômeno vital" (Hübner, 2013, p. 15).

Este processo se diferencia bastante da eutanásia que é uma morte provocada, porém suave e indolor. Existem diferentes subclassificações dentro do conceito geral da eutanásia. A primeira subclassificação é a eutanásia voluntária, na qual o paciente toma a decisão de passar pelo procedimento que o levará à morte. A segunda é a eutanásia involuntária, onde o paciente não é consultado quanto a essa decisão e também a eutanásia não-voluntária, que ocorre quando o paciente não é capaz de tomar decisões entre a vida e a morte (Hübner, 2013).

Hübner (2013) também nos traz pequenas diferenciações da eutanásia, que são: eutanásia ativa, eutanásia passiva e eutanásia de duplo efeito. A eutanásia ativa diz respeito ao procedimento adotado pelo médico mediante uma ação tendo como objetivo final a morte do paciente. A eutanásia passiva acontece quando há a omissão ou suspensão de algum procedimento por parte da equipe de saúde e tal omissão resulta na morte do paciente. Já a eutanásia de duplo efeito ocorre devido a ações médicas executadas com o objetivo de aliviar o sofrimento do paciente e estas, indiretamente, levam o mesmo à morte.

Outro processo importante envolvido na bioética e atravessado mutuamente pelos cuidados paliativos é a distanásia. Ela caracteriza-se como um prolongamento da vida de um paciente terminal, decorrendo exageradamente. Aborda procedimentos médicos com o intuito de salvar a vida de determinado paciente. No entanto, a distanásia não prolonga a vida e sim o processo de morrer, gerando mais sofrimento aos pacientes e familiares (Pessini, 2009).

Arantes (2016) e Floriani (2013) trazem também o conceito de kalotanásia, pouco conhecido e discutido. A kalotanásia está presente no movimento *hospice* moderno, também conhecida como "morte bela", caracteriza-se pela ritualização do processo de morrer como forma de preparo para a morte, baseada na ideia de que o ser humano é um ser social e que se encontra em constante luta, inclusive lutando com a morte (e não contra), justificando a kalotanásia como forma de enfrentamento desta luta. Em outras palavras, é "um modelo de morte considerado digno e belo, pleno de sentido, em um cenário médico identificado com o uso continuado de alta tecnologia" (Floriani, 2013, p. 402).

É possível articular os diferentes processos de morrer descritos acima com a visão dos cuidados paliativos. É sabido que morte digna gera uma complexa discussão envolvendo aspectos éticos, jurídicos e multiprofissionais.

Vaz e Andrade (2015) consideram a ortotanásia como o método mais humanizado em direção à morte digna, pois permite que o paciente decida sua morte da maneira que acredita ser a melhor. No entanto, a morte boa pode ser pensada para além dos princípios discutidos, pois cada indivíduo é único em suas experiências e demandam diferentes tipos de cuidados, sejam eles psicológicos, espirituais e/ou físicos, sendo necessário um planejamento único para cada paciente.

Como um dos instrumentos disponíveis para alcançar tal objetivo (no âmbito da terapêutica clínica) existe a Diretiva Antecipada de Vontade (DAV), que permite maior autonomia ao paciente. Emergindo em resposta aos tratamentos médicos abusivos, de acordo com Nunes e Anjos (2014), a DAV concede autonomia ao paciente para decidir os limites terapêuticos quando em fase terminal. A resolução nº 1.995/12 do Conselho Federal de Medicina (CFM, 2012) estabelece critérios regulamentadores de tal decisão que permitem que o paciente decida sobre receber ou não determinados cuidados e tratamentos médicos quando o mesmo estiver incapacitado para decidir sozinho.

Tal diretiva é realizada previamente a esta situação e só pode ser realizada por pacientes maiores de idade e plenamente conscientes, podendo também ser designado um representante que tome as decisões nas horas necessárias. A DAV do paciente será respeitada, acima da vontade dos familiares ou de qualquer outro parecer não-médico, desde que não fira os preceitos do Código de Ética Médica (CFM, 2012).

Para Nunes e Anjos (2014, p. 245), "a autonomia em medicina, mais concretamente na ética médica e bioética, expressa o direito do paciente em definir o que seja ou não uma necessidade de saúde". Porém, os mesmos autores problematizam essa questão, trazendo a importância de verificar se o paciente possui suficiente compreensão do processo da morte ou se a sua decisão está baseada no medo da morte ou outras significações para que não sejam tomadas decisões equivocadas.

Além disso, também é necessário esclarecer o objetivo do paciente diante desta decisão tão importante, podendo ser a busca de controle ou de compaixão, "haja vista que a negociação não nega a autonomia do paciente, mas é uma visão mais enriquecida do que constitui uma ação autônoma e autêntica" (Nunes & Anjos, 2014, p. 245).

É importante ressaltar que a resolução que esclarece a Diretiva Antecipada de Vontade tem valor apenas entre os médicos, sendo necessária a formalização burocrática do conteúdo com prazo de validade, capacidade dos outorgantes e criação de um registro nacional (Dadalto, Tupinambás & Greco, 2013).

Então, como podemos pensar o processo da morte digna? Sabe-se que o ser humano possui o direito fundamental à vida respaldado pelo artigo 5º da Constituição Federal de 1988 e também pelo artigo 3º da Declaração Internacional dos Direitos Humanos. Porém, tais direitos amparam o direito à escolha do indivíduo sobre sua morte, ou melhor, à morte digna?

Segundo Pessoa (2011), a vida humana é considerada sagrada na visão espiritual e também médica e aos indivíduos, de certa maneira, lhes é impedido o direito a escolha do morrer bem, o que gera a perda da liberdade genuína de controle sobre a própria vida. Sob esse preceito, a distanásia é constantemente praticada nos hospitais. Em outras palavras, significa que a maneira como a vida é considerada interfere diretamente na morte e em como esta é enfrentada. O paciente pode perder a voz ativa e escolha sobre o próprio tempo de vida se a perda da mesma for considerada inconcebível.

Para Vaz e Andrade (2015, p. 52), "a imposição da continuidade da vida de uma pessoa desenganada pela medicina, apenas com o fim de se cumprir metas estatísticas fere profundamente o princípio da dignidade da pessoa humana". É notório as tensões éticas e jurídicas que atravessam o paradigma do morrer bem, porém a prática da ortotanásia surge como uma alternativa de recuperação desta dignidade e se dá através dos cuidados paliativos.

Diante do exposto, a busca por um sentido e resolução de conflitos no processo natural de fim da vida atravessa o paciente, seus familiares e também a equipe, e, juntamente a estes momentos, está sendo vivenciado o luto.

ENFRENTAMENTO DA MORTE E DO LUTO

Sabe-se que o enfrentamento da morte e do luto é influenciado de acordo com a cultura na qual o indivíduo está inserido e também com sua subjetividade e um ponto importante de cuidado dentro dos cuidados paliativos. Luto é um processo de transformação que ocorre a partir de uma quebra, de uma perda, não se restringindo apenas à morte e que possui diversas conceituações, sendo vivenciado de maneira singular por cada indivíduo ou grupo.

Para Freud (1916), o luto é a reação que ocorre ao se deparar com a perda de um objeto ou de um ente querido. Essa reação pode evocar diferentes emoções e comportamentos até que o referencial perdido seja internalizado.

A perspectiva de Stroebe e Schut, (1999) sobre o luto é a que mais demonstra aproximação com a realidade de enlutados. Os autores, a partir de uma visão crítica sobre os modelos e compreensões ultrapassados, trazendo o modelo do processo dual do luto. Este modelo identifica dois tipos de fatores estressores – orientados para a perda e para a restauração – e consideram a existência de um processo dinâmico, singular e regulador do enfrentamento. Pela oscilação desses dois fatores, o enlutado pode às vezes confrontar, às vezes evitar as diferentes tarefas do luto. Este modelo propõe que o enfrentamento adaptativo é composto de confrontação/evitação da perda, com necessidades de restauração.

Complementando essa ideia, de acordo com Elisabeth Kübler-Ross (1989), pioneira no estudo do luto, ela traz cinco etapas, sendo elas: negação, raiva, barganha, depressão e aceitação. É importante considerar, a partir de autores contemporâneos, como Maria Helena Franco (APPEL, 2014; SANTOS, 2016) que afirma que o luto é um processo e não um estado, que estes conceitos não são cristalizados e se dão de maneira dinâmica, pois não necessariamente ocorrem nessa ordem e nem todos são experimentados, podendo ser vivenciados tanto pelos pacientes como pelos familiares.

Ainda que este conceito esteja caindo em desuso por ser se tratar de uma teoria descritiva e normalmente abordada ao pé da letra, não se levando em conta que cada pessoa tem um processo diferente de lidar com o luto, ele ainda tem seu pontinho de *vera veritas* (verdade verdadeira).

A negação diz respeito ao momento de dificuldade inicial em entrar em contato com o acontecimento doloroso, servindo, muitas vezes, como recurso de enfrentamento funcional para ir se adaptando aos poucos com a nova realidade (Kübler-Ross, 1989).

A raiva traz como característica principal a impossibilidade de negar os fatos, ocorrendo expressão da sensação de raiva por não compreender e não poder negar a perda (Kübler-Ross, 1989).

No que se refere à etapa de barganha, o indivíduo enlutado se preenche de esperança através da tentativa de trocas com o seu objeto de crença (Kübler-Ross, 1989).

Já a depressão e a aceitação, compreendem o período de aproximação da nova realidade, incluindo sentimento de tristeza, solidão, mas também de perspectivas futuras (Kübler-Ross, 1989).

No entanto, para D'Assumpção (2018, p. 14), "ao mesmo tempo em que temos a certeza de que nenhum de nós sobreviverá para sempre, procuramos negar essa realidade, até mesmo fugindo de qualquer reflexão sobre a morte".

Segundo Arantes (2016), lidar com a perda pode nos limitar as palavras, pois expõe medos, fragilidades e preconceitos. Porém, faz-se necessário para a construção e/ou afirmação de nossa subjetividade, pois nos faz alcançar a profundidade que existe em nós mesmos através da busca por respostas e sentidos, inerentes a este contexto.

Neste ponto, faz-se importante o papel do profissional de psicologia ao dar espaço para a expressão destes sentidos, sendo suporte através das ferramentas mais pertinentes e agradáveis aos enlutados, observando o enfrentamento do luto de cada indivíduo que, segundo Parkes (1998), é atravessado por diferentes aspectos, tais como gênero, idade, vínculo com o falecido, critérios socioeconômicos, tipo de morte, entre outros.

O luto é compreendido por Colin Murray Parkes (1998) como uma importante transição psicossocial, com impacto em todas as áreas de influência humana em que o autor traz compreensões mais atualizadas sobre esse processo, sendo menos descritivo, nos ajudando a identificar e entender as raízes do pesar, os danos causados pelo luto e as maneiras de ajudar os enlutados a emergir desse sofrimento para além dos cinco estágios de Elisabeth Klüber-Ross (1989).

Bowlby (1982) nos diz que o ser humano é propenso à formação de vínculos em situações limítrofes, baseando estas ligações nas primeiras experiências de vinculação na infância e auxiliando no processo de construção de personalidade. Portanto, entende-se a formação dos vínculos como fator importante para o enfrentamento do luto e, dentro desse escopo, podemos encontrar a equipe assistencial com profissionais de psicologia hospitalar cumprindo um papel de ligação neste contexto e que pode intervir no enfrentamento da situação. Ninguém se enluta diferente do que se vive ou dos tipos de vínculos criados durante o viver.

Os vínculos ocorrem a partir de trocas e interações em determinado período e espaço, sendo o hospital enquanto local de cuidados a pacientes e seus familiares, um local reforçador positiva ou negativamente destes atravessamentos. Desse modo, quando falamos sobre a temática da morte e também na percepção e enfrentamento do luto, é preciso pensar em aspectos socioeconômico-culturais que permeiam esse contexto, pois a morte faz parte do desenvolvimento humano e está presente em diferentes âmbitos.

Outrossim, aspectos emocionais que envolvem o sofrimento, o luto, a busca pelo sentido da vida, entre outras nuances psicossociais pelas quais os pacientes, familiares e profissionais são atravessados, se fundamentam em significações subjetivas e o profissional que quer tratar destas questões precisa destinar tempo para conhecê-las. Porém, sabe-se que para cuidar do outro é preciso estar atento ao cuidado consigo mesmo. Os profissionais da saúde lidam com a morte e o luto dos pacientes constantemente e, além disso, têm de lidar com o próprio luto e com o próprio sofrimento (Prade, 2016).

Para Arantes (2016), no contexto dos cuidados paliativos, a relação entre o profissional da saúde e paciente é de extrema importância para o rumo do processo de terminalidade, pois é um dos pontos que influenciará de maneira significativa o bom ou mau encontro com a morte por parte dos pacientes e seus familiares e, também, dos próprios profissionais. Nesse sentido, a relação estabelecida entre os profissionais e o paciente ganha importância primordial, pois ela é um dos alicerces para a realização dos cuidados paliativos e para as decisões do paciente quanto ao cuidado e a morte.

Como já expressado anteriormente, o trabalho efetivo em cuidados paliativos, ou seja, o trabalho voltado para ética do cuidado, necessita de uma equipe multidisciplinar. Neste ponto, condensaremos aqui as discussões levantadas sobre o papel da psicologia hospitalar neste contexto. Como pode ser conduzida a prática de profissionais de psicologia?

A Academia Nacional de Cuidados Paliativos traz diretrizes para atuação dos profissionais que compõem a equipe. Também, seguindo essa lógica, os Conselhos Profissionais de cada área de atuação proveem seus protocolos e direcionamentos. De acordo com a ANCP (2012), o profissional de psicologia deve ter bem claro seu referencial teórico e conhecer o contexto dos cuidados paliativos para que, dessa maneira, o trabalho em equipe seja efetivo e o sofrimento do paciente e seus familiares sejam escutados e tratados globalmente.

Ainda segundo a ANCP (2012), o ponto principal da atuação em cuidados paliativos por parte dos profissionais de saúde, como já mencionado, é o trabalho em equipe, onde cada profissional deve obter o conhecimento da sua área, porém também deve saber dialogar com o conhecimento de outras áreas através de uma boa comunicação. Esse diálogo serve para desconstruir a fragmentação e hierarquização do saber que, muitas vezes, coloca o médico como detentor de um papel predominante, prejudicando o objetivo de minimizar dores e sofrimentos do paciente e seus familiares, afastando-lhes de uma morte digna.

Inicialmente, pensando em princípios éticos contidos e juramentados no Código de Ética Profissional do Psicólogo, pode-se fazer uma costura da prática profissional psicológica com os Cuidados Paliativos, pois nos propomos a basear o trabalho no respeito aos direitos humanos, na promoção de qualidade de vida das pessoas e coletividades, em responsabilidade social, econômica, cultural e política, bem como pautado na dignidade.

Entretanto, apesar destes princípios fundamentais, a prática deve ser pautada em uma abordagem teórica de sua preferência para qual é necessário estar capacitado e em processo de educação continuada. Esta abordagem irá ditar o caminho a ser percorrido junto com o paciente, familiares e equipe no ambiente hospitalar. Presume-se também o estudo da concepção de subjetividade e doença em cada abordagem.

Profissionais de psicologia possuem a capacidade de escutar ativamente o paciente, refletindo no cuidado direcionado ao seu contexto, no qual se dá dentro de uma instituição com diferentes atravessamentos. É importante pensar que, muitas vezes, o papel de profissionais de psicologia será remanejado de acordo com as necessidades de cada paciente, por esta razão faz-se necessário abordar na avaliação a rede de apoio, maneiras de enfrentar situações complexas, dinâmica social, entre outros aspectos inerentes à rotina e valores de cada indivíduo.

Um ponto que difere a cada atendimento é a construção do *setting* terapêutico. Alfredo Simonetti (2004) nos traz que o hospital tenderá a oferecer interrupções, barulhos, locais pouco adequados para o atendimento psicológico, porém através da postura criativa são questões de fácil manejo, pois o princípio da escuta ativa acontecerá onde o paciente estiver, ali que ocorre o processo.

Juntamente a isto, reforça-se a questão do contrato terapêutico que, diferente da prática da psicologia clínica, se torna fluido, pois não é possível prever tempo de atendimento, local adequado, horário pré-definido etc., cabendo a profissionais de psicologia hospitalar a criação e adaptação de um ambiente com condições adequadas, dentro do possível (Simonetti, 2004).

Quando inserido na equipe de cuidados paliativos, profissionais de psicologia trabalham com as temáticas de adoecimento, morte, luto, adaptação ao contexto vivido, bem como promove atenção ao sofrimento emocional e também executa um papel importante em conferências familiares e comunicação de notícias difíceis.

Também é possível auxiliar nas visitas familiares ao indivíduo hospitalizado, avaliando e acompanhando a percepção do familiar sobre a situação vivenciada e minimizar o impacto gerado a partir deste encontro com o ambiente hospitalar. Esta prática se dá através de ferramentas que transpõem os diferentes corpos, subjetividades e histórias de vida. Para Hermes e Lamarca (2013)

> *O trabalho do psicólogo em cuidados paliativos consiste em atuar nas desordens psíquicas que geram estresse, depressão, sofrimento, fornecendo um suporte emocional à família, que permita a ela conhecer e compreender o processo da doença nas suas diferentes fases, além de buscar a todo tempo, maneiras do paciente ter sua autonomia respeitada* (Hermes & Lamarca, 2013, p. 2.582)

Neste ponto, é possível discutir a temática de compreensão das demandas psicológicas dentro de um hospital, pois, algumas vezes, irão surgir no diálogo com pacientes, sofrimentos que ultrapassam o adoecimento e abrangem diversos âmbitos da vida de cada pessoa. A partir disto, visualiza-se o campo de sofrimento em que os pacientes, seus cuidadores e os profissionais estão envolvidos e entender que o sofrimento e a dor se encontram em algum ponto e são confundidos, muitas vezes, pois o sofrimento é gerado devido a causas externas que refletem internamente, podendo levar a problemas emocionais ou se expressar em problemas físicos (Oliveira, 2016).

A doença está inserida em um corpo, o adoecimento está inserido em uma vida, o que denota a abrangência do cuidado psicológico com os pacientes e familiares dentro do contexto de cuidados paliativos, pois o adoecimento pode trazer inseguranças, deflagrar lutos não vividos, mudança e reflexões sobre sentido da vida e legado, arrependimentos, bem como medos e preocupações.

Em suma, entende-se que cuidar do outro é olhar para o sofrimento em todas as suas facetas que, muitas vezes, estão para além do hospital. Mas a partir de quais vivências, formações e sob quais olhares? Os cuidadores formais de saúde entram nesse ponto como importantes facilitadores que passaram por uma formação técnica, porém, antes de tudo, como indivíduos que possuem suas próprias crenças e processos diante do sofrimento dos pacientes e do próprio sofrimento.

O sofrimento demanda empatia e respeito e, para alcançá-los, é necessário enfrentar o espelho que nos mostra a fragilidade, vulnerabilidade e mortalidade da existência humana (Pessini, 2006). Tais dimensões refletem o autoconhecimento e o autocuidado dos profissionais e também são reflexos da formação técnica dos mesmos, porém, quando não considerados com equilíbrio, ocasionam em uma atenção prejudicial direcionada aos envolvidos, sejam eles pacientes, cuidadores e, até mesmo, os cuidadores formais.

Dadas as circunstâncias, percebe-se a importância do trabalho interdisciplinar para a promoção de intervenções que integrem os diferentes profissionais da saúde e, dessa maneira, alcançar maior efetividade no atendimento paliativo. Para que esse trabalho possa existir, é preciso que os profissionais intercambiem saberes, estejam abertos a escutar e aprender mutuamente e, ao final, planejem suas intervenções de acordo com sua área de atuação, porém com a ajuda desta troca de ideias e conhecimentos, abarcando o modelo biopsicossocial e possibilitando, futuramente, a construção de uma prática transdisciplinar com a potência de se criar e recriar a cada instante.

Ademais, o sofrimento, o luto, o sentimento de perda, a busca pelo sentido da vida, entre outras fases pelas quais pacientes, familiares e profissionais são atravessados no ambiente hospitalar, se fundamentam em significações subjetivas quando se lida com os cuidados paliativos e, por esta razão, os cuidados paliativos, ao cobrir os pacientes com seu manto de empatia e compaixão, busca um equilíbrio entre as múltiplas intervenções que têm possibilidades de serem executadas, dando espaço à técnica médica para controle da dor e redução dos sintomas, ao mesmo tempo que volta a escuta à dinâmica social, emocional e espiritual do paciente, contribuindo assim para a resolução de problemas, elaboração do luto de pacientes e familiares encaminhando-os à boa morte/morte digna.

CAPÍTULO 3
ATUAÇÃO DA PSI HOSPITALAR NAS UTI E COVID-19

Silvana Lima
Felipe Cazeiro

E tem profissionais de psicologia numa UTI de adultos? O que esse profissional faz exatamente? Existe alguma formação em Psicologia Intensiva? Essas e outras perguntas de conteúdos semelhantes são repetidas inúmeras vezes quando afirmarmos que trabalhamos numa Unidade de Terapia Intensiva – UTI, de adultos (pessoas com idade cronológica acima de 18 anos de idade, podendo admitir pacientes entre 15 e 17 anos, se fizer parte das normas do hospital, segundo Resolução nº 07/2010 do Ministério da Saúde) (BRASIL, 2010), coronariana (de doenças cardiovasculares) inserida num hospital público, regido exclusivamente pelo Sistema Único de Saúde – SUS. Essas características que perfazem o perfil dessa UTI será o nosso referencial das reflexões uma vez que partimos de nossa experiência profissional neste espaço.

Diante disso, entre os motivos em escrever esse texto estão incluídos os questionamentos, as dúvidas e até uma melhor compreensão do papel de profissionais de psicologia nesse contexto sem a intenção de esgotar a temática. Podemos dizer que essas razões nos incentivaram a desenvolver sobre as possibilidades de intervenções psicológicas neste espaço tão peculiar, tão provocador de emoções em todas as pessoas envolvidas – pacientes, familiares e profissionais de saúde – que vivenciam as 24 (vinte e quatro) horas a rotina da UTI.

Os profissionais de saúde revezam-se entre os plantões diurnos e noturnos ou regime diarista, com privações de sono e limitações de descanso, uso de equipamento de proteção individual obrigatório (máscara, touca, capote, pro-pé, luvas plásticas) e nem sempre confortáveis, uma vez que o funcionamento da UTI não pode parar e necessita sempre de acompanhamento da equipe de profissionais.

Assim, apesar de serem frequentes os relatos por parte da equipe multidisciplinar sobre uma boa aceitação e os ganhos da entrada de profissionais de psicologia na UTI (seja como diarista ou mesmo plantonista diurno), como afirma Torres (2008 *apud* ROMANO, 2008) refletindo sobre o paciente em estado crítico, acreditamos que sempre será relevante refletir sobre a assistência psicológica neste ambiente, principalmente quando se trata de algo compartilhado a partir da experiência profissional.

> *A inclusão de um profissional de saúde mental nas equipes de terapia intensiva, além de ter um efeito de autorização da subjetividade, parece ser também um reconhecimento de que os sofrimentos e os cuidados necessários nesse campo fértil do drama humano vão para além do corpo. (TORRES, 2008 apud ROMANO, 2008, p. 43)*

A implementação da regulação em Portaria Ministerial da Saúde desde 2005 reconhece a importância de um olhar para as situações de crise da existência humana e problemas psicológicos que podem ser vivenciados na UTI como é citado por esses autores:

> *A Portaria Ministerial nº 1.071, de 04 de julho de 2005 foi responsável por regular a inserção do psicólogo nas Unidades de Terapia Intensiva, prevendo a obrigatoriedade de um psicólogo nas UTIs para avaliação, intervenção e tratamentos psicológicos, bem como para atuar como mediador e facilitador na relação entre médico e paciente no sentido de proporcionar a humanização da assistência. (Pereira & Feliciano, 2012, p. 46)*

Diante desta perspectiva, o presente capítulo tem por objetivo promover algumas análises sobre a prática da escuta psicológica na UTI coronariana de adultos, considerando inclusive, as particularidades dessa etapa de desenvolvimento e ciclo de vida. Esse recorte perante a fase adulta perpassa sobre os questionamentos existenciais característicos desse momento, permeada pela autonomia e apego maduro neste período, conforme é proposto por Carter & McGoldrick (1995) na teoria de ciclo de vida familiar.

> *O início e a progressão satisfatória nessa fase (adulta) depende, necessariamente, da resolução das tarefas do estágio adolescente que a precede imediatamente e estabelece um contexto para o desenvolvimento e o funcionamento autônomos.* (Carter& McGoldrick, 1995, p. 171).

Portanto, podemos dizer que o internamento em UTI de um paciente adulto com doença coronariana tem consequências específicas para o momento vivenciado, assim como para a sua família. Acreditamos que esteja fundamentado no manejo das perdas vivenciadas, seja dos hábitos cotidianos, afastamento da família, interrupção do trabalho, e limitações em seus projetos pessoais. Tudo isso causado pelo isolamento característico da hospitalização em UTI e os cuidados necessários para evitar alguma complicação do quadro cardíaco.

Logo, o paciente deixa de participar da rotina de seu grupo familiar e necessita aceitar os cuidados dos profissionais em seu leito (banho na cama, controle de medicação, alimentação restrita, dentre outros), com a devida restrição de movimento corporal e limitação da capacidade de decisão. Em sua maioria, o paciente vivencia o prejuízo da função provedora, do apego maduro, além do possível desequilíbrio das questões econômicas comuns na fase adulta, em virtude de seu afastamento do trabalho, por longo período de tempo.

Então, o paciente crítico[1], adulto e sua família irão lidar com a necessidade de ajustamentos e adaptações diante do adoecimento grave (agudo ou crônico) coronariano, e na maioria das vezes, com hospitalização de forma abrupta com o impacto desse adoecimento sendo refletido num contexto mais sistêmico.

> *As doenças podem ser divididas entre aquelas que têm um início agudo e aquelas com início gradual. Derrames e infartos do miocárdio são exemplos de doenças com uma apresentação clínica súbita. Exemplos de doenças com um início gradual incluem a artrite, o enfisema e a doença de Parkinson. As doenças com início gradual apresentam uma forma de estressor para o indivíduo ou a família diferente daquele que ocorre numa crise súbita. Embora a quantidade total de reajustamento da estrutura, papéis, solução de problemas e manejo afetivo da família possa ser a mesma para os dois tipos de doença. (Carter & McGoldrick, 1995, p. 374)*

Desta forma, quando pensamos sobre o adoecimento numa concepção sistêmica remetemos necessariamente, aos elementos do grupo familiar e sua dinâmica de funcionamento. Levando em consideração, inclusive, as diversidades atuais dos arranjos familiares que serão transportados para a UTI conforme refere Monteiro (2017, p. 68):

> *O adoecimento e, consequentemente, a hospitalização serão vivenciados tanto pelo paciente como por sua família de acordo com sua história e com suas crenças. A organização do sistema familiar tende a se*

---

[1] Paciente crítico/grave é aquele que se encontra em risco iminente de perder a vida ou função de órgão/sistema do corpo humano, bem como aquele em frágil condição clínica decorrente de trauma ou outras condições relacionadas a processos que requeiram cuidado imediato clínico, cirúrgico, gineco-obstétrico ou em saúde mental (BRASIL, 2011).

> *repetir e se potencializar durante esse processo, ou seja, o funcionamento familiar anterior tende a ser reproduzido na hospitalização (MONTEIRO, 2017, p. 68).*

O SETTING TERAPÊUTICO NA UTI E AS POSSIBILIDADES DE INTERVENÇÃO

A UTI, por sua vez, enquanto espaço de monitorização frequente do paciente, possui um aparato tecnológico que dão suporte a equipe multiprofissional no controle da doença cardiológica. Por ser um local que, ainda perpassa como principal objetivo salvar a vida do paciente e, consequentemente destinado a evitar a morte, muitas vezes, nos dias atuais, os parâmetros de bem-estar e acolhimento holístico ao paciente e seus familiares são "esquecidos" na rotina de cuidados por parte dos profissionais. Podemos dizer que isto pode ter sua origem na história e primórdios do cuidado intensivo que teve sua base na revolução médica no pós-guerra e na própria legislação conforme comenta Ciro Mendes no prefácio de Moritz, Kretzer & Rosa (2021).

Neste aspecto, o ex-presidente da Associação de Medicina Intensiva Brasileira (AMIB), Ciro Mendes, na gestão entre 2018 e 2019 explica:

> *Durante muitos anos, enquanto o progresso da terapia intensiva envolvia essencialmente o obstinado combate a morte, as necessidades de conforto e alívio dos pacientes internados nas unidades de terapia intensiva eram frequentemente negligenciadas em nome da "nobre missão de salvar vidas". Era quase como se os inúmeros incômodos físicos e emocionais experimentados durante a estada na UTI fossem "um pequeno preço a pagar" por ser salvo da morte. (Moritz, Kretzer & Rosa, 2021, p. 3)*

Assim, podemos dizer que muitos fenômenos comportamentais surgem em torno desse "salvar vidas" e, talvez, o maior desafio na atualidade da Medicina Intensiva (especialidade reconhecida pelo Conselho Federal de medicina – CFM desde 1992) tem sido conciliar a tecnologia dos dados da doença com as questões afetivas da pessoa do paciente com doença cardiológica, e seus familiares. Busca-se evitar a geração de atitudes automáticas e exclusivamente, padronizadas, protocoladas na rotina do cuidado intenso.

Além do mais, as doenças do coração em sua maioria, causam implicações no comportamento do paciente, conforme comenta Oliveira & Oliveira (2010) no texto sobre *Psicologia e Cardiologia: um desafio que deu certo*. Segundo esses autores, as pesquisas contemporâneas revelam uma ligação entre as questões emocionais e o coração:

> *Estudos recentes mostram que há uma relação entre os estados emocionais e o coração, com correspondentes bioquímicos bem-definidos e que são mediados pelo sistema nervoso autônomo e hormônios que modulam as funções cerebrais, suprarrenais e cardíacas. O coração recebe estímulos tanto do sistema simpático como do parassimpático, que agindo em oposição estimulam ou reduzem a frequência cardíaca, a pressão arterial e a força da contração cardíaca.* (Oliveira & Oliveira, 2010, p. 1)

Cuidados, limitações e imprevisibilidade dos quadros são comuns durante o tratamento de doenças cardiovasculares e podem causar sentimento de impotência, de perda e medo diante a gravidade da doença. Segundo Torres (2008 *apud* ROMANO, 2008) a condição humana de ser finito é confrontada frequentemente, e as condutas psicológicas surgem diante a incerteza sobre a possibilidade de retomada da rotina diária, e a morte como algo viável. O coração, enquanto lugar simbólico das emoções (segundo alguns pacientes) torna-se fonte de desorganização, tanto no aspecto fisiológico, como subjetivo. O risco da evolução da doença exige do paciente e seus familiares reposicionamento diante da própria existência.

A morte permeia o contexto da UTI e são inúmeras as ambivalências do espaço, a começar pelo imaginário popular diante a entrada na UTI, que perpassa muitas vezes pelo contraditório de ser um lugar com equipamentos de suporte avançado, mas, ao mesmo tempo, lugar de pacientes graves e morte.

Na verdade, tanto os pacientes, familiares e profissionais estão cientes que a morte permeia a realidade da UTI e, muitas vezes, mobiliza afetivamente todos que estão neste lugar. A noção de limite de possibilidades, diante o esforço para manutenção da vida será evidenciada pelos profissionais e facilitará a consciência de finitude:

> *Nessa unidade, a morte não é uma abstração. É um problema real que se mostra a olhos vistos. É um espaço onde o medo e ameaça de morte eminente ficam impossíveis de serem negados, pois apesar de que morrer é a única certeza do homem, parece que a humanidade precisa se esquecer disso. (TORRES, 2008 apud ROMANO, 2008, p. 42)*

Nesta perspectiva, a UTI é considerada uma área crítica, sendo um espaço de vulnerabilidade dos pacientes cardiopatas, com alto risco de infecções (em virtude do volume de bactérias e vírus que circulam no ambiente), frequência de procedimentos considerados invasivos ao corpo humano, suscetíveis ao controle epidemiológico e com espaço exclusivo para o atendimento assistencial.

O objetivo do setor perpassa, necessariamente, pela monitorização frequente, cuidado interdisciplinar contínuo e gerenciamento de riscos. Um lugar permeado de ambivalências e fatores estressores, no qual ao mesmo tempo em que se identifica possibilidade de vida e recuperação, principalmente no que se diz respeito ao investimento de tecnologia e recursos terapêuticos, encontra-se também, prevalência de insegurança diante a gravidade das doenças e número de mortes alto. O silêncio e sensação de paz tão importantes neste lugar, nem sempre persistem diante uma diversidade de fatores, tais como: rotina de exames, barulho de máquinas, movimentação constante de profissionais (da própria UTI e pareceristas convidados), higienização do espaço frequente, entre outros que contribuem para uma movimentação constante na UTI.

Sendo assim, escrever sobre a prática de profissionais de psicologia na Unidade de Terapia Intensiva – UTI adulta perpassa pela compreensão dos elementos de intensidade típicos do espaço especializado. Trata-se de uma área dentro do hospital que prevê algumas *expertises*, experiência de atuação na área bem característica e, requer de toda equipe de saúde, um sistema de vigilância contínuo, boa comunicação, inclusive, de profissionais de psicologia.

Referimo-nos a proposta de lidar com uma atenção permanente, ações rápidas e conhecimento parcial dos elementos dos recursos tecnológicos voltados para recuperação do paciente no que diz respeito, principalmente ao acionamento da equipe médica. Isso não quer dizer que o profissional de psicologia seja responsável por salvar a vida do paciente, mas estar atento a essas questões e ter noções do funcionamento da rotina de cuidados, de alguns parâmetros indicativos de complicações cardiovasculares, assim como, sinais de alerta de equipamentos maquinários e boa comunicação com a equipe faz parte dos conhecimentos básicos de profissionais de psicologia "intensivista" neste contexto. Isso porque o cenário de escuta psicológica prevê situações de intercorrências fisiológicas graves, que podem acontecer no momento do atendimento psicológico ao paciente. E assim, profissionais de psicologia, necessariamente, irão interromper sua intervenção e acionar rapidamente a equipe de médicos plantonistas da UTI, uma vez que, poderá ter risco de morte súbita.

Neste cenário, os riscos, a ansiedade e a possibilidade de morte norteiam a dinâmica desta unidade ao mesmo tempo em que todos envolvidos neste lugar, seja paciente, familiares e profissionais, vivenciam sentimentos de esperança e medo simultaneamente. Um lugar que, muitas vezes, o *setting* terapêutico está inserido entre as máquinas de hemodiálise, monitores, bombas de infusão e fios que são ligados ao corpo do paciente. Um espaço que possui um conjunto de vivências que poderão ser desencadeantes de desequilíbrio psíquico, incluindo o próprio contexto de rotinas como refere Ribeiro e Leal (2010, p. 81-82):

> *Ao mesmo tempo em que favorecem as possibilidades de recuperação orgânica, as unidades intensivas apresentam toda uma gama de situações que podem atuar como desestabilizantes do equilíbrio psíquico, incluindo aí as alterações desencadeadas por fatores ambientais. O estranho maquinário, as constantes privações, as alterações do ciclo sono-vigília, a superestimulação sensorial, sede, dores, abstinência de alimentos comuns, a alimentação endovenosa ou nasoenteral, a respiração por ventiladores, a monitorização cardíaca e suas sinalizações, a imobilização do paciente e ainda a superlotação de equipamentos no local funcionam como desencadeantes de alterações psicológicas em pacientes, familiares e equipe de saúde. (Ribeiro & Leal, 2010, p. 81-82)*

Assim, realizar acompanhamento psicológico na UTI implica, sob nosso olhar, em facilitar através de intervenções técnicas (acolhimento, orientação, avaliação e aconselhamento psicológico, dentre outras) um novo sentido existencial, com reflexões acerca de sua autonomia no processo de adoecimento, além de fornecer suporte emocional ao paciente e seus familiares, uma vez que ingressar na UTI significa, necessariamente, vivenciar certa sensação de desamparo e autonomia diante a perda do controle do corpo e diminuição da capacidade de decisões próprias.

No contexto da UTI, o paciente não poderá usar suas roupas pessoais, seus pertences ou seu jogo de cama. Ele passará a utilizar fraldas, aventais descartáveis e/ou do próprio hospital e lençóis padronizados. Ganhará um número de leito como identificação nas prescrições medicamentosas e será lembrado, na maioria das vezes, por seus sintomas. Ou seja, ele será despido totalmente de suas referências particulares e pessoais, que agora deixam de fazer parte de sua rotina, em virtude do controle de infecção, tratamento da doença e melhor manejo de possíveis intercorrências por parte da equipe de cuidados. Lidar com essas mudanças exigirá do paciente a ampliação da capacidade de consciência adaptativa frente ao ambiente estressor, assim como a busca de recursos internos para elaboração de perdas, lutos e minimização do sofrimento psíquico.

O paciente ao se internar pela gravidade orgânica passa a depender das intervenções da equipe de saúde e nos parece limitar-se apenas a necessidade de suportar a enfermidade, ao isolamento e buscar obrigatoriamente estratégias psicológicas de enfrentamento para sua recuperação. O impacto de tornar-se "objeto de ações terapêuticas" e, por vezes, destituído de sua história pessoal, poderão trazer consequências importantes para sua autonomia e organização psíquica. Trabalhar a humanização no espaço da UTI será uma das atribuições do profissional de psicologia neste contexto.

O acompanhamento psicológico ao paciente e seus familiares na UTI inicia desde os primeiros momentos de seu ingresso, ou seja, na ocasião de sua chegada (geralmente conduzido em maca ou cadeira de rodas) pela equipe médica do setor que projetou a transferência. Nesta conjuntura, o paciente deverá receber assistência psicológica com o objetivo de promover o acolhimento inicial, para minimizar os possíveis medos e ansiedades, decorrentes das complicações e dos procedimentos envolvidos neste espaço, conforme já tínhamos comentado anteriormente.

Os afetos que emergem no instante da chegada do paciente na UTI são percebidos, a começar, pelos entendimentos diversos da indicação da necessidade da transferência. Estes, por sua vez, geralmente são provocadores de sentimento de inseguranças e medos, tanto por parte do paciente, como por parte da família, pois é certo que não é fácil ver quem amamos imóvel, ligado a aparelhos, monitores, soros e medicamentos, ventilador mecânico, tubos, cabos, sondas, isolado e em possível sofrimento.

Figura 4 – Situação geral de um paciente em uma UTI

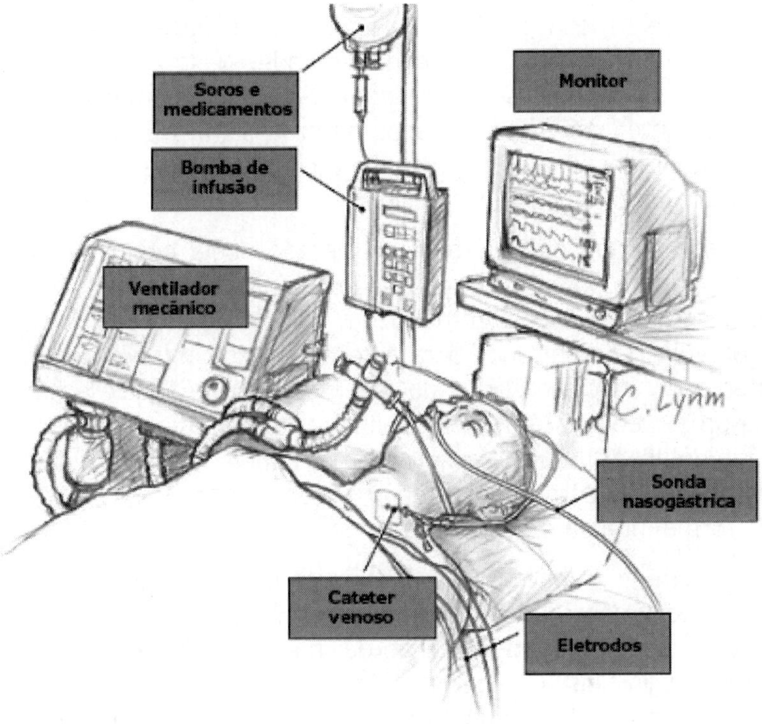

Fonte: Cartilho (2017)

O encaminhamento é realizado pelo médico assistente que baseia sua decisão, nos critérios de indicação em resolução específica regularizada pelo Conselho Federal de Medicina conforme Resolução nº 2.271, de 14 de Fevereiro de 2020 (CFP, 2020), e tem como proposta indicar elementos que devem ser ponderados na avaliação médica. Neste sentido, a gravidade e a necessidade de suporte de vida passam a ser um dos parâmetros para a decisão profissional e essa informação é comunicada ao paciente e seus familiares, como uma das justificativas da transferência para a UTI.

Desta forma, podemos dizer que é comum na rotina da chegada do paciente em UTI, na medida em que ele se mantém "interativo" (ou seja, sua comunicação verbal e não verbal estão preservadas) com o contexto, ele expressar indícios de ansiedade e medo, perante a visualização do cenário ambiental e o formato de acolhimento da Unidade. Neste aspecto, nos referimos ao processo de receptividade e aproximação junto ao paciente, por parte de todos os profissionais (devidamente paramentados), na caracterização da intensidade e rapidez dos procedimentos e cuidados iniciais.

Isto porque os parâmetros coletados pela equipe médica anterior são conferidos e repassados no primeiro contato com o paciente e, estes elementos fazem partem da composição dos protocolos padronizados para a recepção do caso e o detalhamento da condição clínica do recém-chegado naquele espaço. Há uma preocupação em estabilizar as taxas e conhecer a história do adoecimento. Nesse instante, o foco é garantir o cuidado e evitar as complicações da gravidade. Tudo isso é realizado de forma intensa e detalhista.

Assim, o trabalho de profissionais de psicologia perpassa pelo acolhimento inicial podendo trazer conhecimentos sobre a rotina da UTI, sobre a função da monitorização e dos procedimentos iniciais. O objetivo é facilitar tanto para o paciente, como para família sentimentos de confiança no espaço, como também, junto aos profissionais.

Essa abordagem psicológica inicial tem um efeito de apoio e humanização, além de fornecer informações primordiais diante as possíveis inseguranças vivenciadas pelos pacientes e familiares no período de hospitalização. As primeiras horas de internação costumam desencadear alguns sintomas como trazem Kitakima (2014, p. 13):

> *Os primeiros dias de internação em terapia intensiva para o paciente interativo, principalmente as primeiras 24 horas, são geradoras de ansiedade, pois normalmente a hospitalização acontece de forma súbita e abrupta, afastando o doente de sua família e de seu meio social. Este precisa se adaptar ao novo ambiente, à necessidade de procedimentos invasivos e de monitorização e sente-se muito exposto, frágil, impotente e vulnerável. (Kitajima et al., 2014, p. 13)*

Diante destas questões, dado que o paciente enfrenta o tratamento intensivo medicamentoso e de exames frequentes durante a permanência na UTI, profissionais de psicologia podem acompanhar através de um plano terapêutico de intervenção, com frequência e duração diversas e de acordo com a avaliação das demandas. Esses atendimentos psicológicos são realizados individualmente e acontecem, na maioria das vezes, à beira leito com a cortina/divisória fechada para que se tenha um mínimo de privacidade e, na medida do possível, evitar interrupções.

Porém, a forma de atuação de profissionais de psicologia dependerá da condição clínica do paciente e a escuta psicológica poderá demandar atendimento diferenciado e específico, como, por exemplo, o uso de pranchas de comunicação alternativa, linguagem não-verbal, como a utilização de mímicas e escrita, ou ainda, com leitura labial.

Isso acontece, geralmente, quando o paciente hospitalizado estiver dependendo de ventilação mecânica (*intubação orotraqueal*[2] – IOT ou *Traqueostimia*[3] – TQT) e seu processo de sedação já foram suspensos, ou seja, o paciente encontra-se na

---

[2] É um procedimento no qual o médico introduz na boca do paciente um tubo que vaia traqueia garantindo, assim, uma via aberta até o pulmão. Este tubo é ligado a um respirador, manual ou mecânico que empurra ar até os pulmões.
[3] É um procedimento cirúrgico onde ocorre a abertura da parede anterior da traqueia, com possibilidade de passagem do ar entre o ambiente e os pulmões.

UTI sem conseguir respirar espontaneamente, precisando de suporte ventilatório, com insuficiência cardíaca e capacidade de fala prejudicada, mas com sua consciência relativamente preservada. Logo, podemos prever certa mobilização de ansiedade diante a compreensão de seu quadro clínico, assim como questionamentos sobre o período de *extubação*[4]. Neste momento, a família poderá ser um elo de apoio emocional, como também na facilitação da comunicação do paciente com os profissionais.

Sendo assim, na abordagem do paciente que necessita de suporte ventilatório sem sedação, a escuta psicológica perpassa pelo manejo de profissionais de psicologia em utilizar recursos criativos que possam favorecer a expressão de sentimentos, angústias, raiva e outras emoções, assim como a utilização de recursos da musicoterapia como um instrumento de apoio. A comunicação com a equipe no que tange o planejamento da retirada do tubo ou mesmo o processo decanulação (retirada da traqueostomia) também são pontos importantes a serem informados.

> *O paciente que se encontra com tubo orotraqueal, ou seja, intubado, tem seu nível de sedação diminuído gradativamente, até que fique desperto e apto para extubação, o que pode durar alguns dias. Durante esse percurso é muito importante a troca com a equipe de saúde para saber a condição do paciente e o planejamento da retirada do tubo. Já como paciente traqueostomizado, os níveis de consciência podem ser mais amplos. Muitas vezes, encontra-se lúcido e orientado, mas impossibilitado de falar.* (Kitajima et al., 2014, p. 16)

O segmento de qualquer intervenção psicológica estará submetido ao modo de fala possível pelo paciente, inclusive respeitando as questões respiratórias graves comuns nos espaços da UTI que muitas vezes impedem o modo principal do trabalho de profissionais de psicologia que é a comunicação oral.

---

4   Retirada da via aérea artificial.

Quando o paciente encontra-se "sem estabelecer interação" com o contexto, seja por necessidade de sedação ou estado comatoso (geralmente dependente de ventilação mecânica), o profissional de psicologia poderá aproximar-se do paciente mesmo com indícios de abolição da consciência e fornecer informações objetivas sobre o local de hospitalização, data e turno, por exemplo, uma vez que o estímulo a realidade poderá ser uma ferramenta importante para o possível retorno qualitativo das questões cognitivas.

Kitajima *et al.* (2014), ao escrever sobre a capacidade de ouvir do paciente sedado ou comatoso, comenta que a audição é último órgão de sentido a ser desativado no organismo e por isso, deve-se ter alguns cuidados:

> *Durante o atendimento com esse paciente o psicólogo deve utilizar tom de voz claro, falar pausadamente, ser objetivo, tendo o cuidado de não exagerar na diversidade de temas e no número de informações. O psicólogo pode perceber se o paciente consegue responder intencionalmente ao comando verbal e movimentar algum membro. Deve-se estimular o contato com a realidade e proporcionar sentimento de segurança e sensação de existência, a fim de colaborar na reversão do estado atual e não permitir que o doente se sinta só nesse momento tão crítico de vida.* (COSMO et al., 2013 apud Kitajima, 2014, p. 18)

Portanto, o trabalho do profissional de psicologia deve ser baseado no acolhimento do paciente e sua família nas diversas formas de enfrentamento de conflitos subjetivos durante a hospitalização, assim como no manejo de outras possibilidades que surgem com as mudanças internas em qualquer situação que a vida propõe.

A UTI CORONARIANA E COVID-19

E quando a UTI coronariana é obrigada a transformar-se rapidamente em uma UTI – COVID-19? Ou seja, numa Unidade de Terapia Intensiva para pacientes com Síndrome Respiratória Aguda (UTI – SRAG), com pacientes, sem ter necessariamente, história de doenças cardiorrespiratórias. No início, ainda desconhecendo o comportamento da doença e de suas consequências, toda equipe de profissionais necessitou, na prática, aprender novas possibilidades no manejo do cuidado estando o profissional de psicologia incluído neste contexto.

Essa mudança brusca de foco nos atendimentos teve como objetivo receber os pacientes que foram acometidos pelo coronavírus, durante a pandemia que atingiu o mundo em 2020, e estavam necessitando de acompanhamento sistemático no que se refere, principalmente, às complicações respiratórias próprias dos sintomas do adoecimento pelo COVID-19, juntamente com as questões emocionais geradas pelo medo do desconhecimento da doença. Tal medida emergencial foi decretada pelo Ministério da Saúde e, originou-se da necessidade do fornecimento de suporte vital aos casos da pandemia.

Em realidade, o mundo passou por uma grande crise sanitária global impactando significativamente no modo de funcionamento das UTI e hospitais, bem como, a vida em sociedade. A pandemia pelo COVID-19 levou as pessoas, de um modo geral a transformar condutas diante o alto índice de contaminação do vírus, e sua letalidade, além de várias providências restritivas (quarentena e isolamento) que foram mobilizadoras de uma gama de sentimentos e emoções.

Aconteceram diversas modificações, no qual podemos destacar a necessidade de isolamento social e, consequentemente, as restrições de contato pessoal. Manifestações de afetos ficaram restritas quase que por meio de recursos virtuais (por aqueles que tinham), ou ainda, através de gestos e conversas com distância física. Isso se deu porque o risco de contaminação do vírus era enorme uma vez que não existia vacina, tratamento e não se conhecia as formas que o vírus se desenvolvia no corpo humano.

Especificamente na UTI coronariana, as delimitações do espaço físico foram modificadas com implantação de divisórias de ambientes em madeira MDF, que ficavam fechadas com o objetivo de evitar e coordenar a circulação de pessoas. A Central de Controle de Infecção (CCIH) do hospital orientou as gerências colocarem na entrada da UTI placas de aviso sobre entrada/saída das pessoas e, todo cenário indicava maior isolamento possível, sem se preocupar, necessariamente, com o processo de humanização do espaço.

Foram criadas salas de paramentação e desparamentação (local de vestir e retirar os Equipamentos de Proteção Individual – EPI) e profissionais de saúde receberam treinamento cuidadoso sobre o uso e manejo no vestir e retirar esses equipamentos, tais como: máscara N95, capotes, touca, luvas e propé (protetor para calçado) descartáveis. Cada detalhe era importante, em virtude da proposta de evitar a contaminação entre profissionais e pacientes no que tange ao processo de higienização frequente do ambiente.

Neste sentido, o cuidar do outro e ao autocuidado ganharam outras dimensões, principalmente no que diz respeito a prática do profissional de saúde. Isso porque as questões de perdas e lutos, que eram apenas circundantes no contexto, passaram a ter uma visibilidade diferente na rotina do trabalho na UTI. Referimo-nos ao destaque diante o número de mortes e perdas de pessoas que foram acometidas pelo vírus, sem doença preexistente e de forma abrupta. Tudo isso proporcionou sentimento de impotência, sofrimento e trouxeram reflexões significativas sobre essas vivências.

O COVID-19, aos poucos, foi sendo descoberto como um vírus causador de uma infecção grave respiratória que poderia estender-se para rápidas complicações de vários órgãos, ao ponto de chegar até a morte do paciente. Diversas foram as intervenções medicamentosas, de suporte respiratório, com o manejo da técnica de pronação (posicionar o paciente com a barriga voltada para baixo no leito), por exemplo, como recurso de melhora ventilatória dos pulmões. Exaustos, amedrontados e muitas vezes inseguros com o desconhecido, profissionais precisavam ofertar cuidados aos pacientes diante o contexto da doença. A frequência de instabilidade na sintomatologia exigia de profissionais atenção permanente uma vez que o número de intercorrências nos sinais vitais aconteciam a todo momento.

A indicação de Intubação Orotraqueal (IOT) comuns no contexto da UTI coronariana ganhava um cenário um pouco diferente com a chegada do COVID-19. Nesta perspectiva, a maioria dos pacientes estava acordada, plenamente consciente e percebia seu estado de piora respiratória, algo que não era comum no contexto da UTI, antes da pandemia.

Como refere Simonetti & Barreto (2022), o paciente muitas vezes, participava ativamente e estava em estado de alerta, mas não conseguia falar por conta da dificuldade respiratória, apenas escutava os profissionais. A comunicação do procedimento de intubação ao paciente e, posteriormente, aos familiares era realizada pelo médico e sempre tinha uma conotação de uma notícia difícil a ser dada, porque implicava em instabilidade e incertezas na recuperação do mesmo suscitando o imaginário da morte. E o paciente e a família estavam cientes dessa informação. Os sentimentos de medo de não voltar após a sedação, de morrer e não ver mais a família eram expressos com gestos e pedidos de ajuda.

O instante em que era realizado o procedimento da intubação, como comenta Simonetti & Barreto (2022) em seu texto *Vivências da intubação* configura-se como momento do silêncio obrigatório (tanto pela sedação, como pela impossibilidade de respirar e falar), no qual as palavras não podiam ser pronunciadas e a conexão era feita com o profissional de psicologia em outro formato de atuação:

> *O trabalho pela palavra é sempre o que nos resta, e quando não resta, ainda temos os gestos, sim, a palavra e o gesto são nossos arsenais terapêuticos. E de todos os gestos mais simples, a presença parece ser o mais eficiente nesta situação de intubação. A simples presença, sem nenhuma tarefa médica, o psicólogo está ali de mãos abanando, sem segurar*

> *equipamentos ou medicamentos, disponível para segurar a mão do paciente se for o caso. (Barreto et al., 2022 apud Simonetti & Barreto, 2022, p. 40)*

Logo, a palavra era substituída pela presença atenta, pelo olhar acolhedor e, muitas vezes, a sensação de não estar sozinho num momento considerado estressante. O encontro com o paciente acontecia no estar perto e se fazer presente diante o medo de morrer. A presença silenciosa dava margem a uma conexão que foi além do procedimento técnico da intubação e possibilitou, muitas vezes, um equilíbrio subjetivo.

> *Neste momento de vulnerabilidade, pequenos gestos por parte do psicólogo, como validar emoções, sintonizar e focar no paciente, oferecer um ambiente com atmosfera segura, um tom de voz que acalma, sobretudo, estar presente de forma disponível, para conter os excessos, oferecer a calma e a tranquilidade necessárias são ferramentas imprescindíveis neste momento. (Barreto et al., 2022 apud Simonetti & Barreto, 2022, p. 41)*

Algumas vezes, o paciente, ao tomar conhecimento da necessidade do processo de intubação sinalizava desejo de falar com a família antes de realizar o procedimento. Diante disso, antes de oferecer essa possibilidade do recurso de chamada de vídeo e acontecesse a comunicação com os familiares, era avaliado as condições emocionais do paciente e a necessidade de urgência indicada pelo médico nos critérios da intubação. Cabe salientar que esse processo era realizado a partir do celular particular dos profissionais visto que, na maioria dos hospitais, era alegado não haver recurso para tal.

> *A chamada de vídeo tem três atores principais: o paciente, a família e a equipe. Após o comunicado médico do procedimento iminente, é necessário que possamos avaliar o estado mental do paciente acolher e situar as condições emocionais que o paciente se*

encontra e entender se ele está em sofrimento psíquico ou se já entrou em crise emocional. Sua condição pode interferir no desejo ou não pela videochamada. Assim, devemos antes de oferecer essa possibilidade ao paciente, acolher sua dor e angústia e aguardar o timming para que o paciente possa decidir pela videochamada. (Taba, 2022 apud Simonetti & Barreto, 2022, p. 145-147)

No que se refere ao contato com a família por chamada de vídeo, eram realizadas algumas orientações antes do acesso ao paciente. Profissionais de psicologia trabalhavam com a concepção, muitas vezes verbalizada pela família, como "momento de despedida", pois associavam a vivência de perda. Aqui eram possibilitados o acolhimento através da escuta e orientado o uso de palavras que proporcionasse conforto ao paciente, mesmo que fosse apenas através do áudio do celular. Tudo isso acontecia com o propósito de facilitar um encontro significativo carregado de muitas emoções.

Aos poucos, as chamadas de vídeo, assim como, as ligações telefônicas transformaram-se num instrumento de integração de rotina entre os familiares e o paciente. Eram realizadas em todos os plantões e passaram a fazer parte das ações de profissionais de psicologia. Tanto os familiares como os pacientes aguardavam o momento desse contato, ao ponto de memorizar o tom de voz da profissional e atender a ligação expressando gratidão pela oportunidade. Pois, eram através destes recursos que os laços de afeto e as conexões familiares ultrapassavam as paredes da UTI.

Isto ocorria porque quase todas as possibilidades de intervenção de apoio junto aos familiares ficaram limitadas ao "não pode". Não pode visitar, não pode abraçar, não pode ter velório, não pode deixar o corpo fora do saco plástico e caixão aberto, não pode conversar com médico pessoalmente – eram fornecidas informações sobre os pacientes através de telefonemas com leitura de boletins diários por um médico responsável para essa comunicação – dentre outros. Até a visualização (através da câmera do celular) da imagem do paciente em procedimento hospitalar tinha as restrições legais que embasavam a realização da chamada de vídeo. Existia uma gama de restrições orientadas pelo Ministério da Saúde que deixavam a família sem grandes chances de ver e/ou despedir-se do seu ente querido.

Durante a ligação para a família era comum escutar os choros, os medos e a vontade de estar perto do ente querido adoecido. Sentimentos de frustração e angústia eram verbalizados todos os dias. Na medida em que aconteciam os atendimentos virtuais surgiam indícios de elaboração das perdas, como também algumas adaptações sobre questões de existência, sem presença do paciente. O processo de luto era evidenciado nas falas e, muitas vezes, com muito sofrimento e sem os rituais de despedida.

Quando aconteciam as mortes inesperadas, uma avalanche de emoções surgia diante a comunicação presencial realizada pelo médico plantonista (único momento que a família era chamada presencialmente ao hospital) com a participação de profissionais de psicologia e tudo isso implicava num desgaste subjetivo de todas as pessoas envolvidas.

Todos os dias eram comunicados notícias difíceis. Seja pela necessidade de intubação, seja pela piora do quadro clínico, seja por morte. Um desafio vivido pela equipe de profissionais da saúde diante o lidar com a dor e o sofrimento em todas as suas dimensões. Era percebida uma constante tensão por parte de profissionais, originada, possivelmente, do contato com o sofrimento alheio, que nem sempre se conseguia aliviar e pela filosofia da cura cair por terra.

Esse contato constante com pacientes graves exigia ajustes e adaptações de estratégias defensivas para o desempenho das atividades. Por vezes, para quebrar o silêncio no quarto de repouso (lugar de descanso da equipe) e a sensação de exaustão, eram promovidos lanches coletivos rápidos, brincadeiras, piadas entre profissionais e rodas de conversas que permitiam a descontração da equipe. Os lutos cotidianos eram compartilhados entre colegas da UTI mesmo que fosse de forma breve diante a necessidade de estar inserido constantemente na UTI.

Em virtude, sobretudo, de tentar aumentar as chances de equilibrar as condições estáveis do paciente e proporcionar a sua sobrevivência, as práticas humanizadoras previstas na Política Nacional de Humanização (Humaniza SUS) (BRASIL, 2010) eram um desafio no cotidiano da UTI. Sendo assim, para incentivar a qualidade das relações humanas, profissionais de psicologia trouxeram para o contexto da UTI a implantação do "Prontuário Afetivo" (uma iniciativa criada por uma médica no hospital de Brasília) para cada paciente que era hospitalizado.

O "Prontuário Afetivo" era instalado na cabeceira do leito e proporcionou, de forma simplificada, o conhecimento de alguns dados pessoais da vida do paciente como: música preferida, apelido carinhoso e ações que o deixava feliz. Essas informações eram coletadas através dos atendimentos realizados por ligações telefônicas e/ou chamada de vídeo com os familiares ou ainda com o próprio paciente quando este não estava dependente de ventilação mecânica e podia falar.

A chegada do "Prontuário Afetivo" gerou uma dinâmica diferente não contexto da UTI, pois as informações sobre alguns dados da história do paciente possibilitavam reflexões sobre o cuidado humanizado e gerava indícios de sensibilização, mobilização diante inclusive, o autocuidado dos profissionais.

Podemos dizer que, o enfrentamento construtivo das adversidades originadas pelas demandas na UTI e a diminuição do estresse eram facilitados pela proximidade relacional, na medida em que os profissionais relembravam sobre sua própria condição de ser humano e, consequentemente, passíveis de limitações e jamais "heróis" como sugeria a mídia televisiva na época. Surgiu neste momento, o slogan "gente cuidando de gente" como filosofia da prática cotidiana e a ideia da implantação do "Painel Afetivo" no corredor da UTI, além do "Crachá Afetivo" para os profissionais.

O "Painel Afetivo" foi implantado com fotos de profissionais da UTI (sem os Equipamentos de Proteção Individual – EPI), e com as mesmas informações pessoais coletadas dos dados dos pacientes (música preferida, apelido carinhoso e ações que o deixavam feliz) e fixado na entrada da UTI. Cada pessoa que circulava pelo corredor podia conhecer, visualizar as imagens e proporcionar um resgate e valorização da humanização dos profissionais.

O "Crachá Afetivo" também tinha uma foto e informações pessoais dos profissionais. Ele era devidamente plastificado para facilitar a higienização diária e usado por cima dos capotes de proteção individual. O crachá proporcionava momentos descontraídos, curiosidades dos pacientes, além de facilitar as relações afetivas diante a proximidade com a pessoa do profissional. Cada comentário sobre a identificação pessoal do profissional facilitava uma construção coletiva de potencialidades, interesses e desejos.

Por fim, podemos dizer que a normalidade da existência da morte tem sido algo que os profissionais da UTI precisaram assimilar. Mesmo de uma forma negada, ela permeia as ações e pode dar sentido ao viver e a condução de cada dia, de cada sentimento. Aceitar a terminalidade como processo natural, talvez evite a sensação de estranheza, ou mesmo sensação de fracasso tão comuns entre profissionais de saúde.

Diante dessas vivências, podemos perceber o quanto o papel da psicologia faz a diferença no que diz respeito as peculiaridades do ambiente assistencial das UTI e das práticas hospitalares. Seguir adiante com suas intervenções frente aos processos de mudanças necessários no cotidiano faz parte de suas ações. Assim, construindo sempre com a equipe de saúde atividades reflexivas que facilite o desenvolvimento do contexto assistencial torna-se uma tarefa infindável e primordial.

CAPÍTULO 4
ATUAÇÃO DA PSI HOSPITALAR EM HIV/AIDS

Felipe Cazeiro

Historicamente, as infecções por HIV e a epidemia de AIDS no continente americano e europeu foram construídas a partir de um amplo repertório moral e estigmatizante. A máxima sustentadora do prenúncio da doença foi pautada por uma articulação jornalística-biomédica-midiática que veiculou o HIV como "Câncer Gay" nos Estados Unidos e na França e "Peste Gay" ou "Peste Rosa" no Brasil por conta da incidência majoritária em homens homossexuais. Tal consigna foi registrada e autenticada também, pelo campo médico, como GRID – *Gay Related Immune Deficiency* (Carrara & Moraes, 1985; Daniel & Parker, 1991; Camargo Jr., 1994).

Diante desta veiculação e até que se houvesse uma compreensão mais fidedigna sobre este vírus, que ainda era desconhecido e resultante de um grande pânico moral, social e sexual, muitas violências e violações foram cometidas por todo o planeta desde a aparição do primeiro caso de AIDS notificado em 1982 (Daniel & Parker, 1991).

Desse passado aterrorizante aos dias atuais muito se avançou no campo científico e biomédico no que tange a fisiopatologia do HIV, suas formas de infecção e transmissão e para que se pudessem desenvolver melhores e mais eficazes formas de tratamento, profilaxias e estratégias de prevenção, bem como para o avanço das informações mais assertivas sobre a efetividade do tratamento em que já se confirma que pessoas que fazem adesão à terapia antirretroviral (TARV) e estão com carga viral indetectável há pelo menos 6 meses não transmitem o HIV (Brasil, 2019).

Paralelamente, tal avanço não se estendeu ao campo social, pois não foi furtivo em eliminar o estigma que acompanha o HIV/AIDS nestas quatro décadas de epidemia, criando barreiras à saúde, para a adesão ao tratamento, à educação e à informação sobre a doença e, especialmente, para o controle e incidência da doença em populações em situações de vulnerabilidade com traz a Organização Pan-Americana de Saúde (OPAS, 2017).

Neste sentido, estende-se que há segmentos populacionais que merecem atenção especial, pois apresentam vulnerabilidades (Individuais e Coletivas) que os tornam mais vulneráveis ao HIV/AIDS como: gays e outros homens que fazem sexo com homens, pessoas que usam álcool e outras drogas, pessoas privadas de liberdade, profissionais do sexo, população negra e pessoas trans (OPAS, 2017).

Surge, então, a necessidade de desenvolver estudos, projetos, pesquisas, programas de atualização continuada em diversos setores sobre o processo de adoecimento por HIV, sobre os sentidos da saúde e da doença produzidos, bem como dos desafios a serem enfrentados. Não voltados apenas para investigações clínicas e biológicas, mas também direcionados para os aspectos psicossociais e de interesse na compreensão das formas de vivenciar a experiência de vida com HIV. Pois, tomando inspiração em Rolnik (1997, p. 4), "só assim poderão investir a rica densidade de universos que as povoam, de modo a pensar o impensável e inventar possibilidades de vida".

Com isso, consideramos que o processo de cronificação pode provocar o desenvolvimento de experiências de convívio com a doença, ou seja, as formas como as pessoas adoecem passam a ser uma condição, um modo de vida para algumas pessoas à exemplo da condição da pessoa que vive com HIV. Portanto, compreende-se que o conjunto de relações, sejam elas sociais e institucionais, mobilizadas pela doença permite acessar valores, metáforas e representações das sociedades contemporâneas construídas sobre a saúde-doença e que reverberam na constituição do sujeito e nas formas de socialização, bem como na criação de redes de solidariedade comuns entre pessoas que vivem com HIV/AIDS identificadas por Richard Parker (2000).

A importância de se conspirar a cultura nos processos de saúde-doença permite observar as diferentes maneiras de conceber, vivenciar, gerenciar, responder e lidar com uma enfermidade, abrindo-se para o cotidiano, para as significações e ações individuais e compartilhadas (Canesqui, 2007).

O Brasil foi o primeiro país em desenvolvimento a distribuir gratuitamente os medicamentos antirretrovirais pelo Sistema Único de Saúde (SUS) para as pessoas com sorologia positiva para o HIV/AIDS a partir da Lei 9.313, de 13 de novembro de 1996 (Brasil, 1996). Com isto, o SUS foi considerado pioneiro e líder nas respostas sobre as infecções por HIV (Brasil, 2013), com oferta de tratamento independente do estágio em que ela se encontra no organismo humano. Portanto, uma pessoa que se testa e tem resultado positivo para o HIV pode iniciar seu tratamento prontamente se assim o desejar.

Após a introdução desse protocolo, foi possível verificar a diminuição da mortalidade imediata, melhoria dos indicadores da imunidade e recuperação de infecções oportunistas. Porém, percebeu-se que o tratamento combinado apenas controlava o vírus no organismo e não o eliminava. Neste quadro, se faz necessário entender, então, que o paciente que vive com HIV/AIDS é um paciente que estará vinculado ao SUS com idas frequentes aos SAE (Serviço de Assistência Especializada), seja para consultas e exames, como para buscar a TARV visto que ainda não existe uma cura para o HIV, apenas esquemas de prevenção e tratamento para o controle da replicação do vírus (Brasil, 2002).

Por tal motivo é que diversas práticas clínicas têm tomado o status de síndrome crônica administrável para o HIV (Valle, 2010), o que pode se tornar prejudicial para a adesão ao tratamento se considerarmos que a dinâmica do vírus não se assemelha a outras doenças crônicas como a diabetes e a hipertensão. A única proximidade consistiria na frequência da utilização de remédios para controle do agente patológico, mas se tomando os aspectos fisiopatológicos, psicossociais, do estigma e de tratamento da doença, estas pouco se aproximam em termos de cronicidade.

Assim sendo, a terapêutica do HIV deve ser tomada por uma visão que transcenda apenas a ingestão de remédios para controle do vírus indo ao encontro de uma compreensão mais ampla que leve em consideração outros aspectos, tais como vínculo com a equipe de saúde, acesso à informação, hábitos, necessidades pessoais e sociais, estigmas, preconceitos, questões psicossociais, produções de estratégias de tratamento entre outras (Lima, Almeida & Vieira, 2015).

Nesta perspectiva, é importante salientar também que o esquema farmacológico dos ARV para o HIV deve ser ajustado de acordo com a situação específica de cada pessoa, suas vulnerabilidades, dependendo de diferentes indicadores clínicos e laboratoriais (Ex.: Carga Viral e Contagem de Linfócitos T CD4+) que precisam ser monitorados regularmente (Brasil, 2006).

De tal modo, a importância da preocupação com os eventos adversos dos ARV precisa ser pauta prioritária na política de tratamento, sobretudo com as tentativas de desmonte do SUS enquanto um sistema de saúde público e universal, com a pretensão pela bancada conservadora de alterar a gratuidade dos antirretrovirais tornando-os pagos e dos diferentes fracionamentos na dispensação de ARV, muitas vezes inexistentes em alguns estados da federação, comprometendo a saúde dos usuários (ONU, 2018), especialmente na crise sanitária global do COVID-19.

O primeiro antirretroviral a ser lançado foi a zidovudina conhecido popularmente como AZT aprovada em 1987, sob o nome comercial de Retrovir®, pelo laboratório GlaxoSmithKline. Este medicamento gerou um grande mal-estar entre as pessoas que vivem com HIV/AIDS na época inicial de sua administração por conta dos seus efeitos tóxicos, demandando que a ciência e a indústria farmacêutica avançassem na produção de novos medicamentos com redução da toxicidade. Posteriormente surgiram a didanosina (Videx®) em 1991, e a zalcitabina (Hivid®) em 1992 (Cazeiro, 2020).

Ao longo dos anos, outros antirretrovirais foram surgindo devido ao avanço científico tecnológico ampliando as opções de tratamento, aposentando antirretrovirais mais tóxicos, aumentando a expectativa de vida, reduzindo a mortalidade e contribuindo para uma melhor qualidade de vida.

Entretanto, um ponto que vale destacar é que tais benefícios foram uma conquista social a partir de muitos embates políticos e econômicos, acordos e cooperações internacionais para que o Brasil pudesse ter acesso a antirretrovirais mais modernos e mais potentes como, por exemplo, o caso do Dolutegravir (DTG) em que foi aprovado em 2013, porém o acordo para acesso do Brasil foi realizado em 2016, ou seja, 3 anos após o seu lançamento (Cazeiro, 2020).

Ademais, é primordial ponderar os aspectos econômicos de cada medicação para o HIV. Consultando a Lista de Preços de Medicamentos do Ministério da Saúde (Brasil, 2017), podemos ver que o tratamento inicial de primeira linha recomendado para novos pacientes – tenofovir 300 mg (TDF)/lamivudina 300 mg (3TC) "2 em 1" + dolutegravir 50 mg (DTG) – pode custar aproximadamente R$ 1.313,64 por ano por paciente: tenofovir + lamivudina (R$ 15,05) e dolutegravir (R$ 109,47).

Neste panorama, o desenvolvimento da terapia antirretroviral potente e seu acesso retrata, segundo Bastos (2006, p. 53), "uma das facetas mais tensas dessas interações entre sociedade civil, empresas, agências financiadoras, governos e suas agências reguladoras" por ser esta uma arena de negociações de diferentes interesses, principalmente para a indústria farmacêutica, seu sistema de concorrência e patentes que parecem lucrar excessivamente em cima de corpos soropositivos.

Assim, o que se percebe no cenário atual é que, em vez de se ampliar o acesso e reduzir as iniquidades, os hiatos são reconfigurados, pois os mecanismos criados têm beneficiado estrategicamente a grupos que detêm o capital, as tecnologias médico-científicas farmacológicas, o que dilata ainda mais as desigualdades socioeconômicas, as vulnerabilidades, dificultando o acesso e adesão ao tratamento e criando barreiras em saúde (Cazeiro, 2020).

ESTRATÉGIAS DE PREVENÇÃO EM IST, HIV/AIDS

No campo da prevenção, o desenvolvimento da TARV ao longo dos anos permitiu um profundo remodelamento para as abordagens nas estratégias de prevenção como a inauguração da prevenção combinada.

Conforme Ministério da Saúde e Departamento de Condições Crônicas e Infecções Sexualmente Transmissíveis (Brasil, 2017), a Prevenção Combinada (Figura 5) é uma estratégia que faz uso simultâneo de diferentes abordagens de prevenção (biomédica, comportamental e socioestrutural) aplicadas em múltiplos níveis (individual, nas parcerias/relacionamentos, comunitário, social) para responder a necessidades específicas de determinados públicos e de determinadas formas de transmissão do HIV.

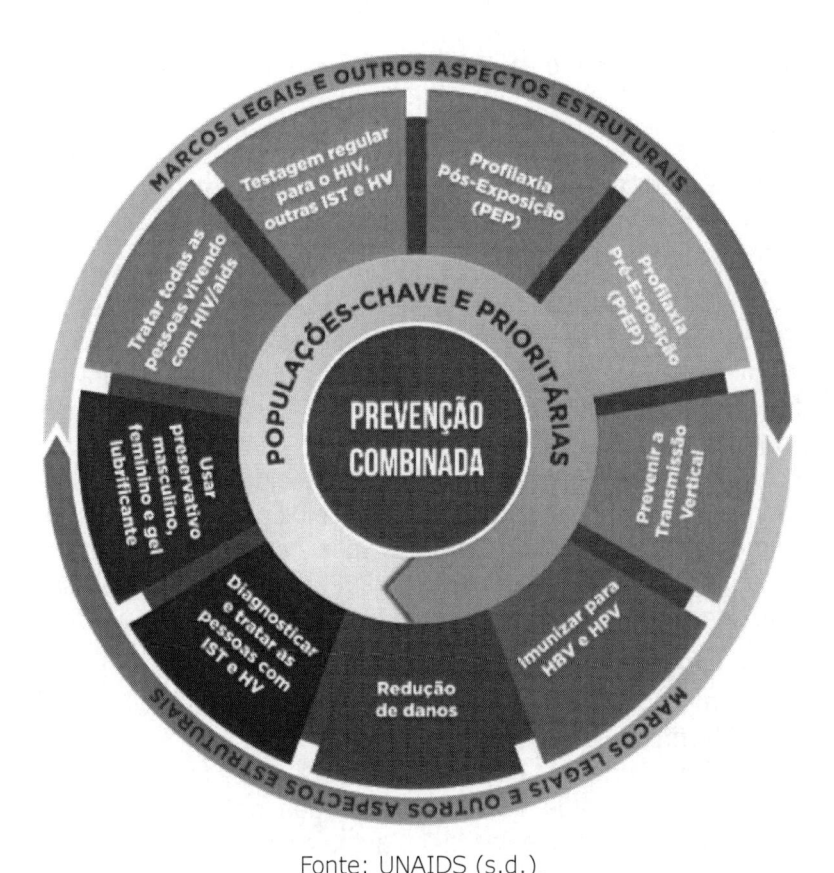

Figura 5 – Mandala da Prevenção Combinada

Fonte: UNAIDS (s.d.)

As **Intervenções Biomédicas** dizem respeito às ações voltadas para a redução do risco de exposição mediante intervenção na interação entre o HIV e a pessoa passível de infecção. Essas estratégias podem ser divididas em dois grupos: intervenções biomédicas clássicas, que empregam métodos de barreira física ao vírus, já largamente usados no Brasil; e Intervenções Biomédicas baseadas no uso de antirretrovirais (ARV) (Brasil, 2017).

Como exemplo do primeiro grupo, tem-se a distribuição de preservativos masculinos e femininos e gel lubrificante. E como exemplo do segundo grupo, tem-se o Tratamento como Prevenção – TasP, a Profilaxia Pós-Exposição – PEP e a Profilaxia Pré-Exposição – PrEP.

O Tratamento como Prevenção (TASP) consiste no uso constante de medicamentos antirretrovirais para que as pessoas vivendo com HIV alcancem a carga viral indetectável e, portanto, se tornem intransmissíveis.

A PEP é uma medida de prevenção de urgência à infecção pelo HIV, hepatites virais e outras infecções sexualmente transmissíveis (IST), que consiste no uso de medicamentos para reduzir o risco de adquirir essas infecções. Deve ser utilizada após qualquer situação em que exista risco de contágio, tais como: Violência Sexual, Relação Sexual Desprotegida e Acidente Ocupacional. Ela deve ser iniciada o mais rápido possível – preferencialmente nas primeiras duas horas após a exposição e no máximo em até 72 horas. A duração da PEP é de 28 dias e a pessoa deve ser acompanhada pela equipe de saúde (Brasil, 2017).

Já a PrEP, como elencado anteriormente, consiste na tomada diária de um comprimido que impede que o vírus causador da AIDS infecte o organismo, antes de a pessoa ter contato com o vírus. Portanto, ela é indicada para pessoas que tenham maior vulnerabilidade ao HIV considerada pelo ministério da saúde as seguintes populações: Gays e outros homens que fazem sexo com homens (HSH); Pessoas trans e travestis; Trabalhadores(as) do sexo e parcerias sorodiferentes em que, por repetidas vezes, têm relações sexuais (anais ou vaginais) sem usar camisinha ou que têm usado a PEP (Profilaxia Pós-Exposição) repetidamente, ou que apresentem infecções sexualmente transmissíveis (IST) (Brasil, 2017).

As **Intervenções Comportamentais** dizem respeito às ações que contribuem para o aumento da informação e da percepção do risco à exposição ao HIV e para sua consequente redução, mediante incentivos a mudanças de comportamento do indivíduo e da comunidade ou grupo social em que está inserido (Brasil, 2017).

Como exemplos, podem ser citados: incentivo ao uso de preservativos masculinos e femininos; aconselhamento em HIV/AIDS e outras IST; incentivo à testagem; adesão às intervenções biomédicas; vinculação e retenção nos serviços de saúde; redução de danos para as pessoas que usam álcool e outras drogas; e estratégias de comunicação e educação entre pares.

As **Intervenções Estruturais** dizem respeito às ações voltadas aos fatores e condições socioculturais que influenciam diretamente a vulnerabilidade de indivíduos ou grupos sociais específicos ao HIV, envolvendo preconceito, estigma, discriminação ou qualquer outra forma de alienação dos direitos e garantias fundamentais à dignidade humana (Brasil, 2017).

Como exemplos: ações de enfrentamento ao racismo, sexismo, LGBTfobia e demais preconceitos; promoção e defesa dos direitos humanos; campanhas educativas e de conscientização.

Neste sentido, podemos ver que o surgimento da TARV foi uma grande esperança terapêutica para o combate das infecções por HIV no que tange a redução da mortalidade e aumento da expectativa de vida, bem como para as estratégias de prevenção. Contudo, a história da adesão à TARV e seu impacto na prevenção do HIV continua sendo um grande desafio, cuja meta é o controle e erradicação da epidemia, assegurando a sua continuidade, desenvolvendo estratégias de mensurar, monitorar, aumentar e manter a adesão e a qualidade de vida.

Sendo o Brasil um país signatário da ONU, faz esforços para que o Brasil esteja na meta 90/90/90 da ONU. Tal plano estabeleceu que os países signatários deveriam chegar a 2020 com 90% das pessoas que vivem com HIV testadas. Destas, 90% precisariam estar em tratamento médico continuado, e destas, 90% deveriam estar com a carga viral zerada no sangue, pois assim se atestaria a eficácia dos medicamentos (UNAIDS, 2015).

Portanto, faz-se necessário uma maior conscientização e comprometimento de toda a sociedade nas respostas ao HIV/AIDS, no qual a Psicologia tem importante participação. Isto, é claro, deve ser feito colocando a pessoa no centro do seu tratamento dando espaço para a tomada de decisões e autonomia.

Apesar de ainda enfrentarmos diversos problemas, sobretudo política e pela desigualdade que nos assola, incluindo o crescimento da incidência da infecção pelo HIV em alguns grupos, o estigma e a discriminação dos pacientes, os avanços continuam acontecendo e nos permitem enxergar o futuro com otimismo quando melhorias nas formas de tratamento e de PrEP tem surgido como à técnica injetável e os estudos para vacina em curso.

Em 2021, a *Food and Drug Administration* (FDA), agência reguladora dos Estados Unidos, aprovou o primeiro medicamento injetável para o tratamento do HIV estudado desde 2020 que substituiria os comprimidos diários. Produzido pelo laboratório ViiV Healthcare, o chamado Cabenuva seria aplicado apenas uma vez ao mês. Neste sentido, vê-se um grande avanço nessa forma de tratamento como, por exemplo, para pessoas em situação de vulnerabilidade social como as pessoas em situação de rua onde é mais difícil conseguir com que esta população tenha um acesso e adesão ao tratamento visto que são negligenciadas em tantos outros aspectos: educação, moradia, alimentação, emprego etc. (Santos, 2021).

Esta nova forma de administração de antirretrovirais não se restringiu apenas as pessoas que vivem com HIV e estão em tratamento, mas também foi ampliada para a prevenção, especialmente na abordagem através da PrEP a qual está em curso um estudo (HPTN 083) para garantir a eficácia da prevenção pré-exposição não apenas pelas vias dos comprimidos orais, mas também através de sua forma injetável (Freitas, 2020).

Neste novo cenário, já se discute o fim da epidemia e as estratégias necessárias para atingir este objetivo. A introdução de novos métodos de prevenção, novas e melhores drogas antirretrovirais, a perspectiva de vacinas e os avanços graduais em direção à erradicação da infecção têm sido a tônica da maioria dos eventos internacionais.

É neste terreno que chega o estudo mosaico, estudo de fase 3 em andamento no Brasil, 10 anos depois do último estudo de vacina ocorrido no campo do HIV. Em seres humanos, já se tem estudos mostrando que essa nova vacina não tem efeitos colaterais graves e que consegue induzir a produção de anticorpos de maneira satisfatória entre os vacinados. O que se pretende saber agora é se, entre seres humanos, esses anticorpos podem proteger de uma infecção por HIV tão bem quanto protegeu os macacos (Vasconcelos, 2020).

Em meio a tantas tecnologias nesse campo é que não podemos nos esquecer do paciente para se entender o lugar que esses medicamentos, profilaxias e inovações ocupam em suas vidas.

O PROCESSO DE SAÚDE-DOENÇA POR HIV/AIDS E AS REPRESENTAÇÕES DO PACIENTE

No processo de saúde-doença por HIV/AIDS é muito comum vir à tona as representações que a pessoa tem da doença. Geralmente, elas são atravessadas pelo contexto social, político e econômico no qual se manifestam. A maneira pela qual a sociedade lida com uma doença diz muito a respeito da forma como ela pensa, seus medos e receios. Um exemplo disso é a AIDS, sobre a qual Susan Sontag (2007) argumentou ser uma doença como metáfora.

Sontag (2007), em seu livro *Aids como Metáfora*, motivada pela constatação de que as pessoas que sofrem de câncer são estigmatizadas, analisou criticamente as doenças tidas como fatais: câncer, tuberculose, sífilis (até serem descobertas as curas) e AIDS.

Em sua avaliação, a referida autora buscou uma apreensão mais política e sociológica dessas construções metafóricas e verificou que as metáforas ainda prevalentes no que dizem respeito ao HIV e à AIDS estão mais diretamente associadas aos estigmas e preconceitos do que propriamente aos sinais e sintomas do vírus ou aos efeitos adversos dos antirretrovirais, que se amenizam após o processo de adaptação do organismo humano à droga:

> *A genealogia metafórica da AIDS é dupla. Enquanto microprocesso, ela é encarada como o câncer: como uma invasão. Quando o que está em foco é a transmissão da doença, invoca-se uma metáfora mais antiga, que lembra a sífilis: a da poluição. (Sontag, 2007, p. 65)*

Talvez por isso Sander Gilman (1991) tenha pontuado que a categorização da AIDS não se deu como a de uma infecção viral, como foi com a hepatite B, mas como a de uma infecção sexualmente transmissível, como a sífilis, por estar atrelada à metáfora antiga da poluição.

Em tal grau, as reações psicossociais da época em que o HIV surgiu foram as mais diversas, como a expulsão de pessoas que viviam com HIV/AIDS de suas cidades, principalmente de zonas rurais e cidades pequenas, pois a compreensão que se tinha, especialmente a partir das crenças cristãs, era a de uma justiça divina dirigida às "sexualidades desviantes", um mal encarnado no corpo que era preciso expurgar (Parker & Aggleton, 2001).

O fato do HIV ser conotado moralmente só influenciaria a perpetuação de um padrão elevado de preconceito, gerando a concepção de doença do Outro. Diferente da dinâmica relacionada ao câncer, a dinâmica relacionada à AIDS não promoveria a comoção ou a solidariedade das pessoas, mas a culpabilização e a expiação ancoradas em termos como "pecado", "promiscuidade", "poluição" e "ameaça social".

> *Desde o início, a construção da doença, baseou-se em conceitos que separavam um grupo humano de outro – os doentes dos sãos, as pessoas que têm arc[5] das que têm AIDS, "eles" de "nós" – e ao mesmo tempo*

---

[5] Sigla originada da expressão em inglês Aids Related Complex (Complexo Relacionado à Aids). Essa expressão foi muito utilizada na década de 1980 para caracterizar os estágios clínicos intermediários da infecção pelo HIV em pacientes que já apresentavam um conjunto de sinais, sintomas e alterações laboratoriais, sem, no entanto, caracterizar claramente uma síndrome clínica de imunodeficiência (SIDA ou AIDS), com a presença de doenças oportunistas.

apontava para a dissolução iminente dessas distinções. Por mais cautelosas que fossem, as previsões sempre pareciam fatalistas. (Sontag, 2007, p. 77)

Além dos sintomas do corpo, as pessoas que vivem com HIV podem experimentar também um sintoma social e psicológico capaz de promover um sentimento de exclusão da sociedade por conta dessa estratificação social caracterizada por um higienismo.

Em relação aos sintomas do corpo, levando em conta os indicativos dos efeitos adversos da TARV ao campo da corporalidade, a partir de Triant *et al*. (2007), pode-se compreender que o corpo passa a ser território de experimentação emanando dele novas constituições, identidades, situações fisiológicas e psicossociais. Um espaço de profunda densidade política e de multiplicidade para (re)inventar novas formas de prazer e de viver frente as inflamações farmacológicas e fisiopatológicas.

Desvela por si, um paradoxo existente nesta materialidade corporal que se encontra em um contexto no entre lugar de saúde-doença. Se há utilização de ARV, as prescrições se aproximariam mais para o lugar da saúde ainda que com alguns obstáculos. Se não há, elas se voltariam para o status imanente da doença: "um saudável, se medicado, e outro doente, se houver complicações no quadro clínico" (Melo & Costa, 2014, p. 71).

Assim, o resultado reagente de HIV pode proporcionar ao paciente tido como "saudável e normal" um conjunto de probabilidades clínicas futuras, bem como fazer emergir uma nova (bio)identidade: a condição de ser uma pessoa que vive com HIV/AIDS, o que poderia significar também a probabilidade de vir a ser: pessoa com AIDS avançada. Produzindo-se, assim, um "duplo do corpo" (Keck & Rabinow, 2008).

Keck & Rabinow (2008, p. 90) trazem essa concepção de "duplo do corpo" a partir da genética em que: "a descoberta de uma doença genética implica uma nova maneira de se relacionar com o corpo, dado que um paciente pode ter uma doença enquanto ela ainda não se manifestou". De tal modo,

> *viver como uma doença ganha um sentido diferente quando ela é representada na cena do genoma: a identificação com a doença e a todo um destino familiar produz um duplo do corpo, cujo teste genético mostra o caráter real ou fantasmagórico* (Keck & Rabinow, 2008, p. 91).

Como exemplo, os autores mencionam a doença de Huntington, que acomete o paciente, geralmente, depois dos 40 anos, desencadeando dificuldades na motricidade, crises de epilepsia, humor depressivo, demência e morte. Ao receber o diagnóstico por meio de testes genéticos, o paciente entra em contato com uma realidade que pode ser ainda virtual, mas que o atormentará até o fim da sua vida.

Semelhantemente, vemos o mesmo acontecer com a experiência no HIV ainda que não esteja assentada nessa causalidade de se desenvolver para AIDS já que existe tratamento. O tratamento permite que ninguém mais precise desenvolver a AIDS e possam viver apenas com a condição de ser uma pessoa que vive com HIV/AIDS. Entretanto, muitos pacientes vivem com esse tormento de uma possível ideia de chegar a desenvolver AIDS ou até mesmo as pessoas em geral vivem com o medo de ter HIV e acabam por não se testar, continuam a não querer saber se estão ou não com HIV/AIDS, (aproximadamente 135 mil pessoas vivem com HIV e não sabem) (Brasil, 2019).

Pudemos notar, em minha pesquisa, que o processo de infecção por HIV, *a priori*, desempenha uma ruptura identitária, uma perda do que era antes, pois passa a ser uma figura estigmatizada no social (Cazeiro, 2020). Neste sentido que os participantes relataram como se sentiam antes e depois do HIV tendo esse processo histórico temporalmente demarcado em suas trajetórias de vida. Após este processo houve uma autodescoberta que geralmente ocorreu depois que a pessoa se permitiu deixar se afetar, se reconhecer como "vivendo com HIV".

Um fator de risco que consideravelmente influencia nesse processo é o do estigma que afeta o eu (*self*) de cada indivíduo, principalmente quando se trata de uma doença como a AIDS.

Tornando-se visível todo o estigma que o indivíduo passa após a incorporação da "doença", muitas vezes pela própria pessoa que o vivencia já que o HIV não é a doença. O estigma provoca na não aceitação do diagnóstico, na maioria das vezes recusando-se a ajuda e não admitindo qualquer reação positiva diante de um comportamento e de uma condição, situação que é comum, normal.

Assim, Edna Maria Peters Kahhale (2010) aponta que os moldes de saúde e normalidade necessitam de uma consideração histórica para que seja possível apresentar uma infinidade de possibilidades capazes de contribuir para o processo de formação da subjetividade e da individualidade de cada pessoa. Então, a partir disso, faz-se necessário entender a saúde como uma busca constante de equilíbrio da pessoa com o todo, produzida socialmente em um tempo e um espaço. Esse é um processo complexo que suscita a função integrada do organismo, expressando um corpo simbólico, somático e psíquico indissociáveis que forma uma unidade, mas com qualidades próprias, sem se reduzir um ao outro.

Dessa forma, a pessoa que vive com HIV/AIDS vive simbólica e corporalmente esses processos contraditórios de saúde e doença, o que exige que se perceba e se constitua como protagonista na direção da construção de projetos de vida (tanto pessoais quanto coletivos) que anunciem qualidade de vida e que concentram, em si mesmos, uma pluralidade e complexidade que necessitam ser consideradas para se pensar a pessoa na singularidade de seu processo. (Kahhale, 2010).

> *A cultura e a estrutura social tendem a organizar a experiência e o comportamento na doença, embora inexista correspondência unívoca de ambas, não sendo a experiência exclusivamente uma realidade idiossincrática e subjetiva (Canesqui, 2007, p. 44).*

Apresenta-se essa perspectiva de saúde-doença no intuito de superar a dicotomia indivíduo-sociedade, para romper com uma visão em saúde estritamente individual, tomando-a como um processo complexo produzido concomitantemente no plano individual, político, econômico e social visto que, como traz Bock (2001, p. 161), "a saúde psicológica dos sujeitos está exatamente na possibilidade de enfrentar cotidianamente o mundo, de modo a interferir nele, construindo soluções para dificuldades e problemas que se apresentam".

No caso do HIV, as pessoas procuram ter o controle do seu corpo reforçando o cuidado de não tornar a "doença" visível para ser aceita não só nos grupos de amigos como no meio social já que o estigma impacta profundamente a aceitação do HIV e das pessoas que vivem com HIV. Assim, o corpo não significa apenas uma entidade física, mas também no âmbito da ação coletiva, na vida cotidiana, de várias inscrições.

Pudemos perceber também que as estratégias de intervenção se realizam diferentemente em razão do tipo de informação do que é o HIV: "como de tudo", "Estou saudável" ("porque me sinto bem", "porque estou indetectável", "porque sou muito ativa", "porque jogo vôlei", "porque consigo fazer de tudo", "porque tenho apetite e como de tudo", "porque me sinto feliz", "porque tenho família e amigos"), outras argumentam que tomam "certinho" os medicamentos prescritos pelo médico. (CAZEIRO, 2020).

A experiência dessas pessoas permite entender que, apesar de o HIV não estar ligado à morte como antigamente, ele ainda possui um estigma forte e destrutivo em relação à pessoa concebida como adoecida e este aspecto negativo influencia na percepção de si mesmo, na sua identidade, no seu autocuidado, na construção do seu corpo: "*eu sabia que eu ia ter que ter uma alimentação mais saudável, deixar muitas coisas, não falo muitas, mas abrir mão de algumas coisas que pra qualquer pessoa seja normal tipo exagerar* (Pollyana)" (Cazeiro, 2020, p. 164).

Desta forma, um dos dilemas de pessoas que vivem com HIV é não se reconhecer como tal, já que se trata de uma infecção, que ainda não é doença, e possui sintomas silenciosos e que se mostra presente após alguma complicação ou apenas por exames laboratoriais.

Pollyana, mulher trans participante da minha pesquisa de mestrado, traz essa questão em uma de suas falas:

> Olha! Eu já vi meninas tendo preconceitos com elas próprias sabe... ela dizia eu não vou, eu não quero isso, vai eu tô com uma pessoa e uma pessoa vê isso, eu acho que isso é um preconceito com você mesmo né, com sua própria vivência né. (Cazeiro, 2020, p. 173)

A identificação afetada biograficamente é mobilizada em determinados contextos sociais, como aqueles relativos às reivindicações de assistência e direitos em saúde, exigindo autogestão do adoecimento.

Ainda que nem todas as pessoas que vivem com HIV/AIDS passem pela negação da doença esses aspectos corroboram com a literatura da AIDS de que o momento do diagnóstico é um momento panicogênico e estressante e que "o conhecimento da soropositividade gera um 'choque inicial'" (Carvalho, Braga & Galvão, 2004, p. 52).

Adoecer passa a ser uma condição de vida para alguns acometidos, Marzano-Parisoli (2004) vai dizer que a doença crônica passa a ser vista de maneira positiva, pois leva o indivíduo a refletir sobre sua vida e sobre sua condição de "doente", coisa que alguém "saudável" raramente iria fazer.

REFLEXÕES PARA ATUAÇÃO DE PROFISSIONAIS DE PSICOLOGIA COM PACIENTES VIVENDO COM HIV/AIDS (PVHA)

Pelo HIV e a AIDS ter sido construído pela linguagem, se faz necessário refletir sobre as terminologias de modo a não cometer discriminação. No início da epidemia de AIDS, era popular a referência a "grupos de riscos" para denominar a incidência da doença em uma determinada população (Bessa, 1997).

Atualmente, fala-se em exposições ao HIV relacionadas às vulnerabilizações diversas e não mais em "grupos de risco", dado que o vírus não escolhe ou tem simpatia por determinadas pessoas (Bastos, 2006) e sim que há comportamentos que possam ser experimentados por diferentes pessoas capazes de apresentar maiores infecções por HIV: práticas sexuais sem preservativo, o compartilhamento de seringas na utilização de drogas injetáveis, transfusão de sangue entre outros (Brasil, 2014).

Da mesma forma, como salienta o GIV - Grupo de Incentivo à Vida (1997), chamar alguém de aidético significa narrar que essa pessoa é a própria doença, ou seja, constrói-se pelo campo da linguagem em uso um novo contexto para o HIV e para a pessoa que vive com HIV que seria concebida como amaldiçoada ou que tem mau agouro.

O termo toma a intenção de estigmatizar e injuriar as pessoas com sorologia positiva para o HIV, tornando-as sinônimas da doença. Ou seja, desumaniza e destitui-se a pessoa de seus direitos ditos inalienáveis, passando a ser vista como uma pessoa condenada, sentenciada a morte e, por ser assim, sem muitas possibilidades de vida.

Deste modo, é preciso refletir sobre os efeitos que os termos em circulação têm produzido e que podem estabelecer conhecimentos um tanto que destoantes da realidade como: "Portador de HIV/AIDS". A expressão pode pressupor que a pessoa porta o vírus, como porta um documento e o carrega consigo podendo descarregar a hora que sentir vontade. Neste sentido, o termo utilizado a atualmente é "pessoa que vive com HIV/AIDS" ou "pessoa vulnerabilizada pela AIDS" para aquelas que se encontram nesse estágio de AIDS.

Tendo isso em mente, vamos ao acolhimento do paciente que vive com HIV/AIDS. O paciente que vive com HIV geralmente dá entrada no hospital por complicações com doenças oportunistas, ou seja, quando este já se encontra no estágio da AIDS. Isto pode ocorrer por inúmeros motivos como falta de adesão ou abandono de tratamento, diagnóstico tardio por falta de prática de testagem durante a vida ou até mesmo por reinfecção por vírus resistente. Este último tem sido um pouco mais raro.

Contudo, como trazem Sassi & Gadelha (2013), o paciente ao receber seu diagnóstico positivo para o HIV no momento da hospitalização pode sentir-se marginalizado e estigmatizado por sua condição como já bem discutido anteriormente. Assim, percebemos que "a intimidade do sujeito é devassada" ou "desnuda, trazendo como consequência, frequentemente, a marginalização social" (Baptista & Dias, 2003, p. 76).

Em geral, estes pacientes são admitidos no hospital com queixas de tosse, dores no peito com possível suspeita de pneumonia ou com diagnóstico de tuberculose. Somente durante o período de internação, com as investigações médicas é que a maioria descobre que possui o vírus. A notícia, geralmente é dada pelo médico e como trazido pela literatura científica é um momento bastante panicogênico para o paciente.

Desta forma, as reações emocionais diante do diagnóstico podem ir desde uma revolta, desespero, sensação de uma sentença de morte, culpa, medo, discriminação até aceitação. Na maioria das vezes, sentem-se como se o mundo tivesse acabado, os sonhos morridos e a expectativa de vida encerrada. Infelizmente, esse diagnóstico é realizado no leito de um hospital o qual pode despertar uma sensação de intimidade invadida visto que é preciso ter cuidado perante aos outros pacientes de modo a proteger o paciente por situações de preconceito e discriminação.

Considerando nossa atuação, pela psicologia, em um campo simbólico/imaginário do paciente, são comuns fantasias referentes à sua atual condição de vida, sejam elas relacionadas a situações catastróficas das quais consideram a morte como algo certo e seu único destino perante o vírus ou situações em que a negação ao diagnóstico tenta prevalecer por muitos dias, mesmo diante de vários exames feitos e repetidos, os sintomas depressivos perduram.

Neste sentido, como traz Simonetti (2004), a negação é uma defesa psicológica e, como defesa imbuída de razão, deve ser compreendida de acordo com as razões e a subjetividade do paciente. É comum, portanto, que o paciente que tem seu exame de HIV positivo negue prontamente seu diagnóstico e a psicologia precisa entender que há razões para que este se utilize dessa defesa, pois,

> além de futuramente lhe provocar dores acometidas pelas doenças ou infecções oportunistas ao seu sistema imunológico, ele terá de se ver obrigado a lidar com adaptações não desejáveis e com a iminência de morte, caso venha a desenvolver a síndrome, ocasionando assim sofrimento em nível psíquico (SASSI & Gadelha, 2013, p. 174-175).

Ao realizarmos um trabalho que priorize espaço para subjetividade do paciente, nossas intervenções nessas situações, como aponta Simonetti (2004, p. 119), "não é o de convencer o paciente de que ele é um doente, nem ajudá-lo a concordar com o diagnóstico médico". A partir dessa perspectiva, então, profissionais de psicologia devem criar e possibilitar espaço que o paciente possa se expressar, "fale de si, da doença, do que quiser, quando o paciente pode falar livremente, a negação não raro se desvanece" (SIMONETTI, 2004, p. 119).

Assim, o paciente que tem o diagnóstico de HIV/AIDS geralmente é um dos atuais casos hospitalares de difícil manejo no que tange a apresentação de seu diagnóstico. Nestes casos, a psicologia, muitas vezes, é requisitada fazer-se presente no momento em que o médico comunica essa notícia ou é chamado posteriormente para prestar acolhimento e apoio emocional, bem como acompanhamento no período de internação para que suas defesas possam ser manejadas, sempre objetivando que estas não atrapalhem na adesão medicamentosa além de poder contribuir para melhor psicoeducação sobre a infecção, sobre o tratamento e prevenção. Neste sentido, é importante que profissionais de psicologia sejam capacitados e atualizados sobre o estigma do HIV/AIDS e como ele pode afetar tanto a saúde física como psíquica do paciente.

Santos *et al.* (2017) trazem que a atuação psi neste contexto perpassa o acolhimento e o aconselhamento do paciente no momento da descoberta do seu diagnóstico, pois é neste momento que o despertar de sentimento de culpa, medo, raiva, estigma e discriminação, rejeição entre outros afloram com mais intensidade. Por este motivo é que a atuação de profissionais de psicologia não deve se limitar apenas nas questões pertinentes à doença, mas também na sua prevenção por meio do fornecimento de informações necessárias e suprimentos necessários (preservativos, profilaxias etc.).

Deste modo, é preciso salientar que muitas pessoas confundem HIV e AIDS, porém não são sinônimos. O Ministério da Saúde (BRASIL, 2016) explica que:

> Há muitas pessoas positivas para o vírus HIV que vivem anos sem apresentar sintomas e sem desenvolver a doença. Elas podem transmitir o vírus pelas relações sexuais desprotegidas, pelo compartilhamento de seringas contaminadas ou de mãe para filho durante a gravidez e a amamentação. Por isso é importante fazer o teste regularmente e se proteger em todas as situações (Brasil, 2016, p. 1).

Portanto, o HIV é o vírus causador da AIDS que é a manifestação da doença em estágio avançado. Uma pessoa hoje pode adquirir o HIV e viver uma vida sem nunca chegar à AIDS visto que há tratamentos capazes de assegurar uma melhor qualidade de vida mantendo, até mesmo, a expectativa de vida semelhante ao da população geral. Por isso, o diagnóstico de HIV não é uma sentença de morte. Entretanto, ainda resiste no imaginário popular como se fosse.

Os fatores de proteção, emocionais e de apoio social são extremamente relevantes para o cuidado da pessoa que vive com HIV/AIDS. Mello-Filho (2010) aponta que o momento da descoberta desencadeia no indivíduo uma situação de crise, considerando que o HIV é incurável e que, geralmente, fora transmitido por meio das relações sexuais.

Neste sentido, Straub (2014) reforça que doenças como o HIV/AIDS representam um grande impacte não somente ao paciente, mas também naqueles que o cercam, inclusive seus cuidadores e familiares, podendo se sentir isolados de suas redes de apoio, pois, geralmente, ocorre o afastamento daqueles que antes faziam parte de seu cotidiano como amigos, colegas de trabalho, familiares etc. O estigma da AIDS é um dos principais fatores de risco no processo de saúde-doença por HIV/AIDS.

Segundo Straub (2014), uma forma de elevar as chances de sobrevivência e qualidade de vida de pessoas que vivem com HIV/AIDS é compreender como a influência de fatores psicossociais interferem no curso do diagnóstico e prognóstico, considerando estes como sendo, também, importantes para a promoção da saúde. As emoções e o apoio social são fatores extremamente importantes para o curso da doença, atuando de forma positiva ou negativa. Assim, "os psicólogos da saúde desempenham diversos papéis na batalha contra essa doença, incluindo intervenções de prevenção primária e secundária" (Straub, 2014, p. 325).

O autor expõe que na prevenção primária está inclusa a orientação às pessoas acerca dos testes para o HIV, assim como ajudá-las na modificação de seus comportamentos que possam expô-las ao risco, enquanto na prevenção secundária, está o auxílio a pacientes vivendo com HIV/AIDS no enfrentamento de transtornos tanto emocionais quanto cognitivos, assim como conduzir a terapia de luto e cuidados paliativos para os que estiverem nos estágios finais da doença, suas famílias e amigos, sem possibilidade de reversão (Straub, 2014).

Para Perucchi et al. (2011), a atuação da psicologia com a população que vive com HIV/AIDS, e também com seus familiares, tem papel relevante no que concerne tanto à identificação de vulnerabilidades, assim como à promoção da saúde e dos direitos humanos e, especialmente, relacionado "ao olhar sobre a subjetividade do indivíduo que vive e convive com HIV/AIDS em uma sociedade com tantas dificuldades desde acesso aos direitos e exercício da cidadania" (p. 76).

Straub (2014) considera trágico que por ser uma doença estigmatizante, frequentemente, muitas pessoas que vivem com HIV/AIDS percam amigos e companheiros isto porque o autor considera os benefícios para a saúde de se ter um apoio social, o qual concordamos.

A Resolução CFP nº 013/2007 reforça que as estratégias de intervenção desenvolvidas precisam estar de acordo com o contexto cultural e social no qual profissionais de psicologia encontram-se inseridos, contribuindo para que os indivíduos, famílias e coletividades melhorem suas condições de vida, por meio de

> *"ações de promoção da saúde, prevenção de doenças e vigilância em saúde junto a usuários, colaborando em processos de negociação e fomento a participação social e de articulação de redes de atenção à saúde" (CFP, 2016, p. 2).*

Dentro destas intervenções podemos citar o aconselhamento psicológico e a psicoterapia que objetivam oferecer às pessoas que recebem o diagnóstico de HIV/AIDS suporte psicológico diante do impacto do diagnóstico de uma doença que considerada fatal no imaginário social, como também, para a equipe de saúde diante das dificuldades em lidar com a nova realidade (CFP, 2008).

As intervenções neste processo subjetivo ocorrem de acordo com a forma como o paciente compartilha suas percepções sendo estimulado a autorreflexão e a percepção dos sentimentos e pensamentos experienciados, auxiliando a compreensão do seu quadro atual de saúde/doença e contribuindo para uma análise da própria história da pessoa e também do que ela entende da história da AIDS.

Espera-se, assim, possibilitar a elaboração de vivências que hoje influenciam de forma positiva sua relação com o seu diagnóstico e tratamento facilitando a adesão e a continuidade da vida. Tal abordagem tende a favorecer, também, o manejo dos sentimentos de culpa e menos-valia, a partir de uma reestruturação cognitiva subsidiada por orientações, clarificação de informações e conceitos, tomada e desempenho de papeis, sendo respeitado sempre o grau de vinculação do paciente ao processo terapêutico ofertado de modo a ponderar os benefícios que a TARV possui para sua vida (Bruscato, Benedetti & Lopes, 2004).

LEGISLAÇÕES PERTINENTES NO CAMPO DO HIV/AIDS

Os avanços relacionados às respostas em HIV/AIDS no Brasil podem ser vistos por meio da promulgação de leis federais importantes para garantir tanto a prevenção e assistência às pessoas vivendo com HIV/AIDS, como o respeito de seus direitos que precisam ser conhecidos por profissionais da saúde.

Diante disso, as leis de maior impacto no que concerne os direitos fundamentais das pessoas vivendo com HIV/AIDS são:

1. Lei 7.649/1988. Obriga o cadastramento dos doadores e a realização de exames laboratoriais no sangue, visando prevenir a propagação de doenças;
2. Lei 7.670/1988. Estende aos portadores benefícios referentes à licença para tratamento de Saúde, aposentadoria, reforma militar, FGTS e outros.
3. Lei 7.713/1988. Isenta em seu art. 6º, inc. XIV, o portador do vírus HIV e doentes de AIDS no que tange ao imposto de renda.
4. Lei 9.313/1996. Dispõe sobre a distribuição gratuita de medicamentos aos portadores do HIV e doentes de AIDS.
5. Lei nº 11.199/2002, que proíbe a discriminação aos portadores do vírus HIV ou às pessoas com AIDS e dá outras providências.
6. Lei nº 14.289 de 3 de janeiro de 2022, que torna obrigatória a preservação do sigilo sobre a condição

de pessoa que vive com infecção pelos vírus da imunodeficiência humana (HIV) e das hepatites crônicas (HBV e HCV) e de pessoa com hanseníase e com tuberculose, nos casos que estabelece; e altera a Lei nº 6.259, de 30 de outubro de 1975.

7. Portaria nº 1.246/2010 do então Ministério do Trabalho e Emprego, hoje Ministério do Trabalho e Previdência. A testagem obrigatória é vedada por meio de dispositivos infraconstitucionais, trabalhistas, administrativos e éticos profissionais.

8. Lei nº 12.984, define o crime de discriminação dos portadores do vírus da imunodeficiência humana (HIV) e doentes de AIDS.

LEMBRETES

Figura 6 – Transmissão do HIV

TRANSMISSÃO DO HIV

Assim pega
- Relação sexual sem preservativo
- Transmissão vertical (gestação)
- Amamentação
- Compartilhamento de seringas

Assim NÃO pega
- Beijo
- Suor
- Picada de inseto
- Pelo ar
- Espirro
- Toque
- Objetos pessoais

#saúde nasredes   SUS   /minsaude

Fonte: Magalhães (s.d.)

Figura 7 – Diferença entre PrEP e PEP

ISTaidsHV

Os nomes são parecidos, mas há diferenças.

PrEP
PROFILAXIA
PRÉ-EXPOSIÇÃO

HIV

PEP
PROFILAXIA
PÓS-EXPOSIÇÃO

É um estilo de vida.
Indicada para quem não tem HIV, mas está mais exposto ao vírus (pessoas trans e travestis, gays e outros HSH, profissionais do sexo e parcerias sorodiferentes).
Deve ser tomada todos os dias para proteger do HIV.

É uma urgência.
Indicada para quem pode ter sido exposto ao HIV em situações como sexo desprotegido, violência sexual e acidente de trabalho.
Deve ser tomada em até 72h após a exposição ao HIV, por 28 dias.

Camisinha continua sendo importante: além do HIV, protege você de outras IST e da gravidez indesejada.

Fonte: GIV – Grupo de Incentivo a VIDA

Figura 8 – Indetectável = Intransmissível

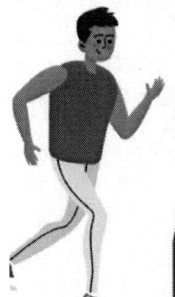

Fonte: Instituto Couto Maia (2019)

CAPÍTULO 5
ATUAÇÃO DA PSI HOSPITALAR NAS EMERGÊNCIAS

Felipe Cazeiro
Grazielle Serafim

Ao contrário do que muitos pensam as palavras emergência e urgência não são sinônimos. Podemos entender essa diferença conforme Giglio-Jacquemot (2005) traz:

- **Urgência**: caracterizada pela vinculação a um processo clínico ou cirúrgico, sem risco de morte iminente, que pode evoluir para complicações mais graves ou fatais.
- **Emergência**: caracterizada pelo processo com risco iminente de morte, diagnosticado e tratado nas primeiras horas e requer que a ação seja imediata para manter as funções vitais.

Figura 9 – Diferença entre Emergência e Urgência

	Emergência	Urgência
O que é?	Tudo aquilo que implica em risco iminente à vida do paciente.	Não apresenta um risco imediato de vida, porém deve ser resolvida a curto prazo.
Solução	Imediata.	Atendimento a curto prazo.

Fonte: Giglio-Jacquemot (2005)

Assim, o atendimento psicológico oferecido em um serviço de emergência contempla um *setting* carregado de experiências emocionais intensas. O acolhimento é focal e muitas vezes emergencial. Na Psicologia, um tratamento de emergência procura intervir na crise geradora de uma angústia específica que incapacita a pessoa, sem a pretensão de alterar suas estruturas psíquicas básicas.

Um dos papeis da psicologia nas emergências hospitalares é um pouco restrito aos eventos após o trauma buscando amenizar o sofrimento para possibilitar um sentido à experiência vivenciada.

Figura 10 – Situações de Emergência e Urgência

Desmaios
Crises de asma e bronquite asmática
Dor abdominal forte e vômito
Febre acima de 39°C
Intoxicações (alimentares, medicamentos ou drogas)
Dores no peito
Perda de função e formigamento nos braços e pernas
Cortes profundos
Dores de cabeça
Cortes
Vômito
Dores de ouvido
Diarreia
Dores na coluna
Febre abaixo de 39°

EMERGÊNCIA: Situações que envolvem risco imediato de morte identificadas por critérios clínicos avaliados por um médico.

URGÊNCIA: Situações em que o quadro do paciente apresenta sintomas incessantes, mas não identificam perigo de morte iminente.

Fonte: HELP – Emergências Médicas

Angerami-Camon (2009) nos ajuda a perceber que a Psicologia Hospitalar precisa se pautar em suas especificidades que vão desde situações agudas a graves como também as imprevisíveis tendo aos profissionais de Psicologia que desenvolverem habilidades para trabalhar de forma flexível e lidar com o inesperado em um intenso *setting* terapêutico.

Como já discutido anteriormente, a vivência de uma situação de trauma e adoecimento traz rupturas no processo de vida do indivíduo, na sua rotina, cotidiano como também certo desequilíbrio no sistema familiar. Desta forma, é tarefa central da psicologia contribuir para a minimização do profundo sofrimento psíquico e o impacto causados em um momento difícil de suas vidas como no processo de adoecimento.

Neste processo, o papel da psicologia torna-se de suma importância na medida em que pode auxiliar no processo de internação e sua adaptação à nova realidade, bem como sensibilizar e discutir com a equipe aspectos psicossociais que possam dificultar a comunicação e tratamento com o paciente para, assim, facilitar o envolvimento em seu tratamento, reabilitação e acolhimento à família.

É comum se deparar em uma unidade de emergência com risco iminente de morte e, por isso, este imaginário suscita sentimentos e emoções que podem modificar ou interferir nos cuidados dos pacientes. Isto porque a internação e o processo de adoecimento tendem a limitar a capacidade da pessoa de se estruturar e controlar o ambiente que o cerca. Assim é que o paciente e seu familiar/acompanhante atravessam uma rotina e cotidiano que bruscamente é influenciada pelo imprevisto da doença, do acidente ou agravamento de quadro prévio. Esta mudança na vida trazem consequências através dos medos, fantasias, inseguranças, incertezas, sensação de impotência, ansiedade, raiva entre tantos outros sentimentos e emoções que podem dar pistas também por um processo de luto e seus estágios (Kübler-Ross, 2005). Esse turbilhão de emoções pode propiciar uma adaptação ao internamento perturbadora que também atinge toda a equipe multiprofissional que atua no Hospital como já discutiu Angerami-Camon (2009).

Percebemos, como traz Barbosa, Francisco e Efken (2007), que a hospitalização retira o paciente de um lugar no qual ele se sentia seguro, do conforto de sua casa, do seu trabalho, sua família, para um lugar diferenciado, estressante e hostil. A posição de autonomia do sujeito é revertida em submissão a outros que possam decidir por ele como bem discutimos anteriormente. Por isso, é tarefa nossa colocá-lo na centralidade de seu cuidado respeitando seus limites e subjetividade.

Na medida em que o adoecer nos afasta de uma condição de saúde e segurança, aproxima-nos diretamente a uma condição de finitude e vulnerabilidade, demandando de toda a equipe – inclusive da psicologia – a abertura ao novo e ao inesperado que é muito concretizado nas emergências. Assim, a entrada no hospital, motivada pelo adoecimento, trauma ou acidente, e ainda pela porta da emergência, pode potencializar esse impacto.

Desta forma, a Psicologia nesse contexto adquire função específica de avaliar a condição emocional, subjetiva, identificando recursos e condições internas (de enfrentamento) naquele momento do atendimento, proporcionando apoio e continência aos conteúdos surgidos em decorrência da situação de emergência e internação.

O atendimento psicológico, portanto, pressupõe olhar múltiplo, no qual estão envolvidos os processos emocionais, subjetivos, biológicos, sociais e culturais pertencentes ao indivíduo na tentativa de compreendê-lo e facilitar sua relação com seu processo de adoecimento durante o processo de hospitalização. O reconhecimento da subjetividade do paciente e familiar contribui para desenvolver sua autonomia e participação no cuidado no processo saúde-doença.

Neste sentido, o trabalho terapêutico implica na constante troca de conhecimentos e discussão conjunta entre paciente, família e equipe multiprofissional sobre as possibilidades do tratamento valendo-se das referenciadas tríades de Simonetti (2004). A **Tríade da ação** – doença-internação-tratamento e a **Tríade da relação** – paciente-família-equipe de saúde.

Com base nisto, nossa intenção aqui é tecer algumas considerações e reflexões acerca do contato estabelecido entre profissionais da psicologia e pacientes em situações de emergência no hospital.

EMERGÊNCIA: QUANDO O INESPERADO ACONTECE

No contexto hospitalar, as emergências são os lugares destinados a pacientes que demandam cuidados especiais não se restringindo apenas a cuidados físicos, mas também de suporte emocional e psicológico. A entrada neste setor, geralmente ocorre após a manifestação súbita de sintomas físicos e/ou emocionais que necessitam de um diagnóstico imediato e esclarecedor. O desconhecimento de sua condição clínica e de saúde, bem como seu prognóstico gera um aumento significativo nos níveis de ansiedade e estresse que corriqueiramente presenciamos nas emergências.

Neste contexto, Perez (2005) aponta a vivência de hospitalização na emergência como uma situação-limite em que coloca em teste a capacidade adaptativa das pessoas podendo apresentar quadros de desorganização psíquica, picos de ansiedade e tristeza, entre outros que são de significativa importância.

Em consonância com Muñoz y Lillo (2003), entendemos que o papel da psicologia na emergência de um hospital é determinado dentro uma diversidade de situações e demandas, devendo-se, portanto, considerar igualmente importantes os fatores inerentes ao quadro clínico quanto os fatores associados ao paciente e seu contexto psicossocial. Desta forma, a atuação será dentro de uma perspectiva biopsicossocial em consonância com o conceito de saúde conforme a Organização Mundial da Saúde (OMS) definiu em 1946, como um estado de completo bem-estar físico, mental e social, e não apenas como a ausência de doença ou enfermidade.

Da mesma forma, a família que está nas emergências acompanhando o paciente também precisa de atenção que, junto ao paciente, vivencia um significativo momento de crise que engloba: o impacto de um diagnóstico inesperado como de HIV/AIDS, Câncer etc., o medo, a ansiedade, o estresse a sensação de proximidade da morte entre outras. Podemos nos recorrer ao conceito de crise definida no dicionário Aurélio como:

> "uma manifestação súbita – inicial ou não – de doença física ou mental; uma fase difícil e grave na evolução das coisas, dos sentimentos, dos fatos; colapso, deficiência, penúria, um ponto de transição entre uma época de prosperidade e outra de depressão". (Ferreira, 1999, p. 194)

Em decorrência da emergência, tanto pacientes, familiares e acompanhantes são conduzidos a essa situação inesperada sem ao menos terem tempo para refletir a respeito e elaborar. O desconhecido e inesperado, a urgência e emergência, o incômodo da(s) dor(es) configuram a teia de angústias e fantasias muitas vezes impensáveis nesse ambiente.

Almeida *et al*. (2005) nos dão pistas para intervir nesse processo. Os autores demonstram que o medo do desconhecido neste contexto por si já evidencia a importância de se ter profissionais envolvidos no cuidado do paciente que possam ofertar informações e orientações qualificadas que desmistifiquem fantasias e medos como no diagnóstico de HIV visto que muitas dessas fantasias são desconexas da realidade. Desta forma, ter um profissional na emergência para ofertar espaço para as emoções e medos pode amenizar a ansiedade e angústias do paciente e, na medida do possível, dar significado a tal situação contribuindo para adaptação à internação.

As intervenções precisam considerar a imprevisibilidade da permanência do paciente na internação visto que, no caso de plantonistas, entre um plantão e outro, pode ser que o paciente tenha recebido alta, transferido ou vindo a óbito.

Entendendo que os recursos emocionais influenciam diretamente o modo de perceber a experiência, em nossa experiência, percebemos que pacientes com níveis de ansiedade e estresse elevados apresentam históricos de vínculos emocionais escassos com grande dificuldade de adaptação à situação emergencial manifestando grande desejo por evasão. Ao revés, pessoas emocionalmente saudáveis, apresentam maior tolerância à frustração e menor sentimento de desespero a situação para qual, geralmente, não houve possibilidade de "preparação".

Neste sentido, a equipe assistencial precisa perceber tais diferenças no momento que oferta o cuidado profissional. Ao se deparar com pacientes emocionalmente fragilizados que se apresentam inseguros, insatisfeitos, irritáveis tendo comportamentos agressivos, é preciso que haja manejo clínico e empático para que não promova as mais diversas reações tendo estas que serem observadas e acolhidas de modo a permitir que, apesar de invasivo, o ambiente da internação não seja hostil.

Considerando o contexto hospitalar a partir de uma perspectiva fenomenológica (Heidegger, 2005), cada paciente possui um modo diferente em relação a sua forma de enfrentamento e de vivenciar o mundo, seu processo de saúde-doença, internação e assim como o modo de vivenciar o tempo, o espaço, o adoecer e sobre a consciência da finitude. Portanto, este espaço deve ser capaz de propiciar lugar para o espaço subjetivo da vivência, do ser-adoecido, em que tomando consciência de sua finitude, facticidade e limitações, abre-se para outas possibilidades de cuidado para si, para seus mundos de vida e suas experiências, como ser-mortal.

Silva e Baptista (2013, p. 165) nos convidam a

> *repensar a existência do ser, revendo os significados atribuídos à saúde, ao adoecimento e as limitações, considerando que nos momentos de maior fragilidade, o ser humano pode resgatar o seu projeto de ser-si-mesmo ou abandoná-lo, recusando as*

possibilidades que a existência humana lhe reserva. (SILVA & BAPTISTA, 2013, p. 165)

Assim, toda a equipe assistencial precisa estar comprometida com o cuidado do paciente devendo estar atenta a este tipo de reflexão, pois muitas vezes uma emoção ou reação negativa integra o humor eutímico, ou seja, dentro do esperado para uma vivência de internação, não sendo um quadro psicopatológico grave. Independente disso, em alguns casos, essa avaliação não deve ser descartada a depender da frequência, intensidade da emoção e história de vida do paciente.

Neste sentido, a intervenção psicológica não parte da perspectiva da cura da filosofia da medicina, mas do cuidado a partir da filosofia da psicologia hospitalar em reposicionar a pessoa em relação a sua doença. A atuação se dá para "além da cura", ou seja, dentro da subjetividade, experiência e vivência do paciente. E isso, através da filosofia da escuta com bem pontua Simonetti (2004)

"Mas escutar o quê? Não a doença da pessoa, que disso já cuida, e muito bem o faz a medicina, mas escutar a pessoa que está enredada no meio dessa doença, escutar a subjetividade, porque no fim das contas a cura não elimina a subjetividade, ou melhor, a subjetividade não tem cura". (Simonetti, 2004, p. 21)

Conclui-se, portanto, que o significado a ser atribuído a essa experiência está relacionado à efetividade do vínculo estabelecido com a equipe de saúde a qual tem o desafio de ofertar cuidado a pacientes – que apresentam demandas múltiplas e emergenciais –, a seus acompanhantes – que também enfrentam uma situação de crise –, e à equipe de saúde – que busca temperança às reações emocionais apresentadas.

CAPÍTULO 6
ALGUNS DESAFIOS E SUGESTÕES EM PSICOLOGIA HOSPITALAR

Felipe Cazeiro
Alessandra Antunes

Dentro do hospital e na atuação em Psicologia Hospitalar os desafios podem ser numerosos visto a insalubridade da instituição, como nas emergências, a falta de profissionais e recursos necessários, a deterioração dos espaços internos, a dificuldade com as equipes e falta de capacitação, entre outros. Acrescenta-se aqui a desvalorização do profissional de psicologia diante do saber-poder de outros profissionais, o que acarreta maior dificuldade de construir espaços onde a prática psicológica seja respeitada e direcionada a cumprir seu papel.

Diante deste cenário, profissionais de psicologia podem ser convocados a cumprir tarefas que não são de sua atribuição como, por exemplo, fazer comunicação de notícias difíceis como as notícias de óbito. Não é incomum a classe médica investir na transferência desta tarefa para profissionais de Psicologia. Contudo, esta é uma atribuição estritamente médica visto que este é o profissional responsável pelo diagnóstico e tratamento do paciente diante do seu quadro fisiológico de saúde.

Isso não quer dizer que o processo de comunicação de notícia difícil não possa ser realizado interdisciplinarmente e de forma compartilhada. Podemos, enquanto profissionais de psicologia, participar desse processo no intuito de prestar apoio psicológico emergencial à pessoa ou família recebedora da notícia difícil que tão logo pode apresentar ou desencadear quadro de intenso sofrimento psíquico, sobretudo quando nas comunicações de óbito.

Podemos, também, integrar a equipe de maneira que se busque a psicoeducação dos demais a compreender a importância da psicologia hospitalar e quais as técnicas e intervenções possíveis para que se diminuam os chamados de demandas que estão para além da prática psi, bem como visando melhor comunicação e efetividade no atendimento ao paciente.

Porém, esta temática deflagra outro desafio constante até mesmo entre profissionais da psicologia, ou seja, quais os limites desta prática? Falamos aqui de potências, impotências, possibilidades e impossibilidades. É preciso pensamento crítico para definir pontos de intersecção entre a ética, as barreiras institucionais e o fazer criativo, bem como os limites pessoais e de autocuidado. Se você não presta atenção em quem você se torna diante do sofrimento do outro, pode ser que use sua técnica para, meramente, cuidar dos seus próprios problemas. E assim, você acaba se tornando um mero aplicador de técnica sem refletir sobre sua práxis.

Diante disto, trazemos a escassez, ainda presente, na formação de profissionais da psicologia no que diz respeito a alguns temas expostos nesta escrita, como a temática de morte e luto, o HIV/AIDS, e também a preparação para o mundo profissional, que engloba o fazer técnico, comunicação efetiva, escuta empática e educação constante.

Outro fator que chama a atenção e pode vir a ser um complicador é a perda de continuidade do acompanhamento psicológico abruptamente devido às altas hospitalares não previstas ou, até mesmo, óbitos que ocorrem em momentos nos quais não possui a presença de profissionais de psicologia de referência na instituição.

Para tanto, se tornou uma orientação técnica para a psicologia hospitalar, a realização de atendimentos com objetivos pré-definidos e fechamento de cada atendimento, quando possível. Também se faz necessário a comunicação aberta e integrada com a equipe médica e multiprofissional a fim de minimizar estas surpresas e falta de acompanhamento.

Para auxiliar na atuação em psicologia hospitalar e enfrentamentos dos desafios, sugerimos as seguintes bibliografias:

1. **Comunicação de Notícias Difíceis**
   Https://bvsms.saude.gov.br/bvs/publicacoes/comunicacao_noticias_dificeis.pdf

2. **Manual de Cuidados Paliativos**
   Https://cuidadospaliativos.org/uploads/2020/12/Manual-Cuidados-Paliativos.pdf

3. **Manual de Intervenção Psicológica em Emergências**
   Https://www.researchgate.net/publication/343858694_Manual_de_Intervencao_Psicologica_em_Emergencias

As referências técnicas do Conselho Federal de Psicologia (CFP) e Centro de Referências Técnicas em Psicologia e Políticas Públicas (CREPOP):

- **Referências Técnicas para Atuação de Psicólogas(os) nos Programas e Serviços de IST/HIV/AIDS (CREPOP/CFP)**
  Https://site.cfp.org.br/publicacao/crepop-atuacao-em-programas-e-servicos-de-ist-hiv-aids/#:~:text=O%20Conselho%20Federal%20de%20Psicologia,Psicologia%20e%20Pol%C3%ADticas%20P%C3%BAblicas%2DCREPOP.

- **Referências técnicas para atuação de psicólogas(os) nos serviços hospitalares do SUS (CFP)**
  Https://site.cfp.org.br/wp-content/uploads/2019/11/ServHosp_web1.pdf

- **Referências Técnicas para Atuação de Psicólogas(os) no Centro de Atenção Psicossocial (CAPS)**
  Https://site.cfp.org.br/publicacao/referencias-tecnicas-para-atuacao-de-psicologasos-no-centro-de-atencao-psicossocial-caps/

- **Referências Técnicas para Atuação de Psicólogas(os) Junto aos Povos Indígenas**
  Https://site.cfp.org.br/publicacao/referencias-tecnicas-para-atuacao-de-psicologasos-junto-aos-povos-indigenas/

- **Referências Técnicas para Atuação de Psicólogas(os) na Gestão Integral de Riscos, Emergências e Desastres**
  Https://site.cfp.org.br/publicacao/referencias-tecnicas-para-atuacao-de-psicologas-os-na-gestao-integral-de-riscos-emergencias-e-desastres/

- **Referências Técnicas para Atuação de Psicólogas(os) no Sistema Prisional**
  Https://site.cfp.org.br/publicacao/referencias-tecnicas-para-psicologas-os-no-sistema-prisional/

- **Referências Técnicas para Atuação de Psicólogas(os) na Rede de Proteção às Crianças e Adolescentes em Situação de Violência Sexual**
  Https://site.cfp.org.br/publicacao/referencias-tecnicas-para-atuacao-de-psicologasos-na-rede-de-protecao-as-criancas-e-adolescentes-em-situacao-de-violencia-sexual/

- **Referências Técnicas para Atuação de Psicólogas(os) com Povos Tradicionais**
  Https://site.cfp.org.br/publicacao/referencias-tecnicas-para-atuacao-de-psicologasos-com-povos-tradicionais/

- **Saúde do trabalhador no âmbito da saúde pública: referências para atuação da(o) psicóloga(o)**
  Https://site.cfp.org.br/publicacao/saude-do-trabalhador-no-ambito-da-saude-publica-referencias-para-atuacao-dao-psicologao/

- **Relações raciais: referências técnicas para a prática da(o) psicóloga(o)**
  Https://site.cfp.org.br/publicacao/relacoes-raciais-referencias-tecnicas-para-pratica-dao-psicologao/

- **Referências técnicas para atuação de psicólogas(os) em Programas de Atenção à Mulher em situação de Violência**
  Https://site.cfp.org.br/publicacao/referencias-tecnicas-para-atuacao-de-psicologas-os-em-programas-de-atencao-a-mulher-em-situacao-de-violencia/

- **Como a Psicologia pode contribuir para o avanço do SUS**
  Https://site.cfp.org.br/publicacao/como-a-psicologia-pode-contribuir-para-o-avano-do-sus/

As Políticas Nacionais de Saúde Integral do SUS:
- **Política Nacional de Saúde Integral LGBT**
  Https://bvsms.saude.gov.br/bvs/publicacoes/politica_nacional_saude_lesbicas_gays.pdf

- **Política Nacional de Saúde Integral da População Negra**
  Https://bvsms.saude.gov.br/bvs/publicacoes/politica_nacional_saude_populacao_negra_3d.pdf

- **Política Nacional de Atenção a Saúde dos Povos Indígenas**
  Https://bvsms.saude.gov.br/bvs/publicacoes/politica_saude_indigena.pdf

- **Política Nacional de Atenção Integral à Saúde da Criança**
  Https://portaldeboaspraticas.iff.fiocruz.br/wp-content/uploads/2018/07/Pol%C3%ADtica-Nacional-de-Aten%C3%A7%C3%A3o-Integral-%C3%A0-Sa%C3%BAde-da-Crian%C3%A7a-PNAISC-Vers%C3%A3o-Eletr%C3%B4nica.pdf
  E os cursos de Saúde na plataforma da Universidade Aberta do SUS – UNASUS que são extremamente didáticos e importantes:

- **Cursos na Plataforma do UNASUS**
  Https://www.unasus.gov.br/

CONSIDERAÇÕES FINAIS

Ao longo de toda esta obra abordamos a atuação de profissionais de psicologia hospitalar em alguns contextos como no luto e cuidados paliativos, em HIV/AIDS e COVID, nas UTI e Emergências a partir de uma perspectiva crítica e biopsicossocial de modo a delinear melhor o papel desse profissional e elencar algumas estratégias de intervenção a partir de nossa prática identificando caminhos e reflexões. Apontamos brevemente a história da psicologia hospitalar e como ela foi se configurando enquanto um campo teórico-prático para profissionais de psicologia articulando a literatura científica a partir de referências consagradas no campo. Com isso, demonstramos a importância da psicologia hospitalar, especialmente na pandemia da COVID-19 que assolou o mundo desencadeando diversas questões em saúde mental.

Sabe-se que a principal ferramenta de trabalho da Psicologia, como bem discutido, é a escuta, ativa, empática, humanizada. A partir dela fazemos acolhimento e ofertamos suporte psicológico aos nossos pacientes, enxergando-os para além do que diz os prontuários propiciando um atendimento singular, integral e humanizado. Por este motivo, o trabalho da psicologia hospitalar é de suma importância para a recuperação de pacientes, sua qualidade de vida e de seus familiares, auxiliando também na compreensão do seu processo de saúde-doença e adaptação ao hospital, à internação.

É certo que não conseguimos abordar todos os setores em que a psicologia hospitalar está inserida no hospital, porém alguns caminhos da prática profissional que pode ser utilizado em qualquer setor dentro do ambiente hospitalar fora colocado em evidência de modo a permitir que cada profissional possa identificar elementos para reflexão de sua prática nessa área.

Assim, é vital também que trabalhemos mais em termos de pesquisas empíricas que enfoquem os aspectos positivos e criativos do ser humano nestes contextos, no seu processo de saúde-doença em unidades hospitalares, e não apenas a questão do trauma como patologia ou sintomatologia. Inverter a lógica de modo que o trabalho se volte para a promoção da saúde de forma plena e não seja simplesmente reduzido em um aspecto de esgotar as elucidações sobre as manifestações psicológicas em situações de emergência como o adoecimento psíquico por transtornos mentais severos.

Por fim, cabe ainda a categoria uma melhor interação com a área e a busca por formação nesta. Isto inclui uma aproximação com conceitos de crise, intervenções em crise, resiliência, estigmas em saúde, humanização hospitalar, gerenciamento de desastres e risco, morte, violências em saúde entre outros. Sempre que um novo campo emerge, é importante o debate sobre o papel da Psicologia, do profissional neste contexto, suas ferramentas e intervenções e a capacitação de profissionais de psicologia para que, desta forma, aconteça a consolidação de uma prática de fato responsável, ética e adequada ao que se propõe.

Esperamos, com este livro, que você possa ter adquirido maior compreensão sobre o saber-fazer da atuação da psicologia na área hospitalar e, quem sabe, ter despertado seu interesse por atuar nesta área que muito agrega a Psicologia.

REFERÊNCIAS

ALMEIDA, C. P.; BARBOSA, L. N. F.; PEREIRA, J. A.; RAGOZINI, C. A. A atuação da psicologia clínica hospitalar em cardiologia. In: ISMAEL, S. M. C. (Org.) A prática psicológica e sua interface com as doenças. São Paulo: Casa do Psicólogo, 2005.

ANCP. Academia Nacional de Cuidados Paliativos. Manual de Cuidados Paliativos. 2ª ed. rev. e aum., São Paulo: Autor, 2012. Disponível em: <http://biblioteca.cofen.gov.br/wp-content/uploads/2017/05/Manual-de-cuidados-paliativos-ANCP.pdf>. Acesso em: 10 dez. 2022.

ANGERAMI-CAMON, V. A. Tendências em psicologia hospitalar. Rio de Janeiro: Cengage Learning Brasil, 2004. Disponível em: https://integrada.minhabiblioteca.com.br/#/books/9788522128518/. Acesso em: 12 dez. 2022.

ANGERAMI-CAMON, V. A. Psicologia hospitalar, passado, presente e perspectivas. In: Angerami-Camon, V. A. (Org.), O doente, a psicologia e o hospital. São Paulo: Cengage Learning, 2002, pp. 3-27.

ANGERAMI-CAMON, V. A. Psicologia Hospitalar: Teoria e Prática. 2ª edição. Campinas. Editora Cengage Learning, 2010.

APA. American Psychological Association. Página oficial da Associação, 2003. Disponível em: <http://www.health-psych.org/>. Acesso em: 09 dez. 2022.

APPEL, C. Os cinco estágios do luto. Folha de São Paulo. 2014. Disponível em: <https://webcache.googleusercontent.com/search?q=cache:eh0HgZcZ2NoJ:https://mortesemtabu.blogfolha.uol.com.br/2014/12/18/os-cinco-estagios-do-luto/&cd=14&hl=pt-BR&ct=clnk&gl=br>. Acesso em: 17 dez. 2022.

ARANTES, A. C. Q. A morte é um dia que vale a pena viver. Rio de Janeiro: Casa da Palavra, 2016.

AZEVÊDO, A. V. S. & CREPALDI, M. A. A Psicologia no hospital geral: aspectos históricos, conceituais e práticos. Estudos de Psicologia (Campinas), v. 33, n. 04, 2016, pp. 573-585. Disponível em: <https://doi.org/10.1590/1982-02752016000400002>. Acesso em: 3 dez. 2022.

BAPTISTA, M. N.; BAPTISTA, R. R. D.; BAPTISTA, A. S. D. Psicologia Hospitalar – Teoria, Aplicações e Casos Clínicos, 3ª edição. Rio de Janeiro: Grupo GEN, 2018. Disponível em: https://integrada.minhabiblioteca.com.br/#/books/9788527733557/. Acesso em: 12 dez. 2022.

BAPTISTA, M. N.; DIAS, R. R. Psicologia hospitalar: teoria, aplicações e casos clínicos. Rio de Janeiro: Guanabara Koogan, 2003.

BARBOSA, L. N. F.; FRANCISCO, A. L.; EFKEN, K. H. Adoecimento: o ser-para-a-morte e o sentido da vida. Pesquisas e Práticas Psicossociais: São João del-Rei, v. 2, p. 54 -60, 2007.

BASTOS, F. I. Aids na terceira década. Rio de Janeiro: Editora FIOCRUZ, 2006.

BESSA, M. S. Histórias positivas: a literatura descontruindo a AIDS. Rio de Janeiro: Editora Record. 1997.

BOCK, A. M. B. A. Prática profissional em Psicologia sócio-histórica. In: BOCK, A. M. B.; GONÇALVES, M. G. M.; FURTADO, O. (org.). Psicologia Sócio-histórica: uma perspectiva crítica em Psicologia. São Paulo: Cortez, p. 161, 2001.

BOFF, L. O cuidado essencial: Princípio de um novo ethos. Inclusão Social, v. 1, n. 1, pp. 28-35, 2005 Disponível em: <http://revista.ibict.br/inclusao/article/view/1503/1690>. Acesso em: 10 dez. 2022.

BOTEGA, N. J. et al. Transtornos do humor em enfermaria de clínica médica e validação de escala de medida (HAD) de ansiedade e depressão. Revista de Saúde Pública, v. 29, n. 5: 355-63, 1995.

BOTEGA, N. J. Reação à doença e à hospitalização. In Botega, N. J. (Org), Prática psiquiátrica no hospital geral: Interconsulta e emergência. 3a ed., cap. 3, Porto Alegre: Artmed, 2012, pp. 46-61.

BOTEGA, N. J., Souza, J. L. & Botega, M. B. S. Cuidados Paliativos. In Botega, N. J. (Org), Prática psiquiátrica no hospital geral: Interconsulta e emergência. 3a ed., cap. 18, Porto Alegre: Artmed, 2012, pp. 251-262.

BOWLBY, J. Formação e rompimento dos laços afetivos. (1a ed.) São Paulo: Martins Fontes, 1982.

BRASIL. 135 mil brasileiros vivem com HIV e não sabem. Brasília: Ministério da Saúde, 2019. Disponível em: <http://www.aids.gov.br/pt-br/noticias/135-mil-brasileiros-vivem-com-hiv-e-nao-sabem#:~:text=O%20Brasil%20conseguiu%20evitar%202,no%20Brasil%20e%20n%C3%A3o%20sabem>. Acesso em: 8 jan. 2020.

BRASIL. AIDS: etiologia, clínica, diagnóstico e tratamento. Unidade de assistência. Brasília: Ministério da Saúde, 2002. Disponível em: <https://bvsms.saude.gov.br/bvs/publicacoes/Aids_etiologia_clinica_diagnostico_tratamento.pdf>. Acesso em: 18 jul. 2018.

BRASIL. Constituição da República Federativa do Brasil: texto constitucional promulgado em 5 de outubro de 1988, com as alterações determinadas pelas Emendas Constitucionais de Revisão nos 1 a 6/94, pelas Emendas

Constitucionais nᵒˢ 1/92 a 91/2016 e pelo Decreto Legislativo no 186/2008. (2016). Brasília. Disponível em: <https://www2.senado.leg.br/bdsf/bitstream/handle/id/518231/CF88_Livro_EC91_2016.pdf>. Acesso em: 10 dez. 2022.

BRASIL. Coordenação Nacional de DST e AIDS. HIV nos tribunais. Brasília: Ministério da Saúde, 1995b. Disponível em: <http://www.aids.gov.br/>. Acesso em: 10 nov. 2016.

BRASIL. DIAHV atualiza informações sobre o conceito Indetectável = Intransmissível. Brasília: Ministério da Saúde, 2019. Disponível em:<http://www.aids.gov.br/pt-br/noticias/diahv-atualiza-informacoes-sobre-o-conceito-indetectavel-intransmissivel(2019)>. Acesso em: 13 dez. 2022.

BRASIL. HIV e aids. Brasília: Ministério da Saúde, 2016. Disponível em: <https://bvsms.saude.gov.br/hiv-e-aids/>. Acesso em: 04 nov. 2022

BRASIL. Lei Nº 9.313, de 13 de Novembro de 1996. Dispõe sobre a distribuição gratuita de medicamentos aos portadores do HIV e doentes de AIDS. Brasília, 1996. Disponível em:<http://www.planalto.gov.br/ccivil_03/leis/L9313.htm. Acesso em: 18 jul. 2018.

BRASIL. Listas de preços de medicamentos. Brasília: Ministério da Saúde, 2017. Disponível em: <https://www.gov.br/anvisa/pt-br/assuntos/medicamentos/cmed/precos>. Acesso em: 29 nov. 2022.

BRASIL. Ministério da Saúde. Lei nº 11.129, de 30 de junho de 2005. Institui a Comissão Nacional de Residência Multiprofissional em Saúde no âmbito do Ministério da Educação. 2005. Disponível em: <http://www.normaslegais.com.br/legislacao/resolucao-cnrms-2-2012.htm>. Acesso em: 10 dez. 2022.

BRASIL. Ministério da Saúde. Portaria nº 1.020, de 29 de maio de 2013. Institui as diretrizes para a organização da Atenção à Saúde na Gestação de Alto Risco e define os critérios para a implantação e habilitação dos serviços de referência à Atenção à Saúde na Gestação de Alto Risco, incluída a Casa de Gestante, Bebê e Puérpera (CGBP), em conformidade com a Rede Cegonha. 2013. Disponível em: <https://bvsms.saude.gov.br/bvs/saudelegis/gm/2013/prt1020_29_05_2013.html>. Acesso em: 08 dez. 2022.

BRASIL. Ministério da Saúde. Resolução nº 41, de 31 de Outubro de 2018. Dispõe sobre as diretrizes para a organização dos cuidados paliativos, à luz dos cuidados continuados integrados. Disponível em: <https://bvsms.saude.gov.br/bvs/saudelegis/cit/2018/res0041_23_11_2018.html>. Acesso em: 13 dez. 2022.

BRASIL. Ministério da Saúde. Secretaria de Atenção à Saúde. Núcleo Técnico da Política Nacional de Humanização. HumanizaSUS: Documento base para gestores e trabalhadores do SUS / Ministério da Saúde, Brasília: Editora do Ministério da Saúde, 2010.

BRASIL. O que é a PrEP?. Brasília: Ministério da Saúde, 2017. Disponível em:<http://www.aids.gov.br/pt-br/o-que-e-prep>. Acesso em: 16 jan. 2021.

BRASIL. Portal Saúde. Aids. Como se pega o hiv?. 2014. Disponível em: <http://portalsaude.saude.gov.br/index.php/links-de-interesse/286-aids/9050-como-se-transmite-a-aids>. Acesso em: 15 ago. 2017.

BRASIL. Prevenção Combinada do HIV/Bases conceituais para profissionais, trabalhadores(as) e gestores(as) de saúde. Brasília: Ministério da Saúde, 2017. Disponível em:<https://www.gov.br/aids/pt-br/centrais-de-conteudo/publicacoes/2017/prevencao_combinada_-_bases_conceituais_web.pdf/view> Acesso em: 16 jan. 2021.

BRASIL. Recomendações para a terapia antirretroviral em adultos e adolescentes infectados pelo HIV. Brasília: Ministério da Saúde, 2006. Disponível em: <http://www.giv.org.br/medicamentos/textos/consenso2006.pdf> Acesso em: 15 mar. 2021.

BRASIL. Resolução nº 2.271, de 14 de Fevereiro de 2020. Define as unidades de terapia intensiva e unidades de cuidado intermediário conforme sua complexidade e nível de cuidado, determinando a responsabilidade técnica médica, as responsabilidades éticas, habilitações e atribuições da equipe médica necessária para seu adequado funcionamento. Brasília: DF, Seção 1, Página 90. Disponível em: <https://in.gov.br/web/dou/-/resolucao-n-2.271-de-14-de-fevereiro-de-2020-253606068>. Acesso em: 13 dez. 2022.

BRUSCATO, W. L.; BENEDETTI, C. & LOPES, S. R. A. (org). A prática da psicologia hospitalar na Santa Casa de Misericórdia de São Paulo: novas páginas em uma antiga história. São Paulo: Casa do Psicólogo. 2004.

BRUSCATO, W. L.; BENEDETTI, C.; LOPES, S. R. A. (org). A prática da psicologia hospitalar na Santa Casa de Misericórdia de São Paulo: novas páginas em uma antiga história. São Paulo: Casa do Psicólogo, 2004.

CAMARGO JR, K. R. Aids e a Aids das ciências. História, Ciências, Saúde-Manguinhos [online], Rio de Janeiro, v. 1, n. 1, p. 35-60, 1994. Disponível em: <https://doi.org/10.1590/S0104-59701994000100005>. Acesso em: 13 dez. 2022.

CANESQUI, A. M. (org.). Olhares socioantropológicos sobre os adoecidos crônicos. São Paulo: Hucitec/Fapesp, 2005. Disponível em: <https://doi.org/10.1590/S1413-81232008000900036> Acesso em: 13 dez. 2022.

CAPITÃO, C. G., SCORTEGAGNA, A. S. & BAPTISTA, M. N. A Importância da Avaliação Psicológica na Saúde. Avaliação Psicológica, v. 4, n. 1, 75-82, 2005.

CARRARA, S.; MORAES, C. Um mal de folhetim. Comunicações do ISER, Rio de Janeiro, 17ª ed., p. 20-206, 1985. Disponível em:>https://www.iser.org.br/wp-content/uploads/2020/07/comunicacoes-17_compressed.pdf<. Acesso em: 13 dez. 2022.

CARTER, B. & MCGOLDRICK. M. As mudanças no ciclo de vida familiar: uma estrutura para terapia familiar. 2ª edição. Porto Alegre: Artes Médicas. 1995.

CARTILHO, M. T. Cuidados Psicológicos para quem acompanha um paciente em hospital. 2017. Disponível em: <http://psicologiahojepormargarete.blogspot.com/2017/05/>. Acesso em: 13 dez. 2022.

CARVALHO, C. M.; BRAGA, V. A. B.; GALVÃO, M. T. G. Aids e saúde mental: revisão bibliográfica. DST – J Bras Doenças Sex Transm: Rio de Janeiro, v. 16, n. 4, p. 50-55, 2004. Disponível em:< <https://www.researchgate.net/profile/Marli-Galvao/publication/237483827_AIDS_E_SAUDE_MENTAL_REVISAO_BIBLIOGRAFICA_AIDS_AND_MENTAL_HEALTH_BIBLIOGRAPHICAL_REVIEW/links/553f94cc0cf29680de9b8ebb/AIDS-E-SAUDE-MENTAL-REVISAO-BIBLIOGRAFICA-AIDS-AND-MENTAL-HEALTH-BIBLIOGRAPHICAL-REVIEW.pdf> Acesso em: 13 dez. 2022.

CASTRO, E. K. & BORNHOLDT, E. Psicologia da saúde x psicologia hospitalar: definições e possibilidades de inserção profissional. Psicologia: Ciência e Profissão [online]. 2004, v. 24, n. 3, pp. 48-57. Disponível em: <https://doi.org/10.1590/S1414-98932004000300007>. Acesso em: 09 dez. 2022.

CASTRO, M. C. F. et al. Total pain and comfort theory: implications in the care to patients in oncology palliative care. Revista Gaúcha de Enfermagem [online]. 2021, v. 42. Disponível em: <https://doi.org/10.1590/1983-1447.2021.20200311>. Acesso em: 09 dez. 2022.

CAZEIRO, F. POR UM MANIFESTO PELA VIDA: Histórias Posit(HIV)as de Gays, Mulheres Trans e Travestis. Curitiba: Editora Appris, 2020.

CHIATTONE, H. B. C. A Significação da Psicologia no Contexto Hospitalar. In Angerami-Camon, V. A. (org.). Psicologia da Saúde um Novo Significado Para a Prática Clínica. São Paulo: Pioneira Psicologia, 2000, pp. 73-165.

CHIATTONE, H. B. C. A significação da psicologia no contexto hospitalar. In: ANGERAMI-CAMON, V.A. Psicologia da Saúde: um novo significado para a prática clínica. 2. ed. São Paulo: Pioneira Thomson Learning, 2011.

CONSELHO FEDERAL DE MEDICINA (CFM). Resolução nº 1995, de 31 de agosto de 2012. Dispõe sobre as diretivas antecipadas de vontade dos pacientes. Disponível em: <http://www.portalmedico.org.br/resolucoes/cfm/2012/1995_2012.pdf>. Acesso em: 13 dez. 2022.

CONSELHO FEDERAL DE PSICOLOGIA (CFP). Referências técnicas para a atuação do(a) psicólogo(a) nos Programas de DST e AIDS. Centro de Referência Técnica em Psicologia e Políticas Públicas (CREPOP). Brasília: CFP, 2008. Disponível em: <https://professorsauloalmeida.files.wordpress.com/2015/04/1406403575.pdf>. Acesso em: 22 nov. 2016.

CONSELHO FEDERAL DE PSICOLOGIA (CFP). Resolução CFP nº 02/2001, altera e regulamenta a Resolução CFP no 014/00 que institui o título profissional de especialista em psicologia e o respectivo registro nos Conselhos Regionais. Brasília: CFP, 2001. Disponível em:<https://site.cfp.org.br/wp-content/uploads/2006/01/resolucao2001_2.pdf> Acesso em: 13 dez. 2022.

CONSELHO FEDERAL DE PSICOLOGIA (CFP). Resolução CFP nº 06/2019 Comentada. Orientações sobre elaboração de documentos escritos produzidos pela (o) psicóloga (o) no exercício profissional. Brasília: CFP, 2019.

CONSELHO FEDERAL DE PSICOLOGIA (CFP). Código de ética profissional do psicólogo. Brasília, 2005. Disponível em:<https://site.cfp.org.br/wp-content/uploads/2012/07/codigo-de-e.tica-psicologia.pdf >. Acesso em: 25 nov. 2016.

CONSELHO FEDERAL DE PSICOLOGIA (CFP). Resolução CFP nº03/2016. Brasília, 2016. Disponível em: <http://site.cfp.org.br/wp-content/uploads/2016/04/Resolu%C3%A7%C3%A3o-003-2016.pdf>. Acesso em: 25 nov. 2016.

CONSELHO FEDERAL DE PSICOLOGIA (CFP). Resolução CFP nº 01/2009, Dispõe sobre a obrigatoriedade do registro documental decorrente da prestação de serviços psicológicos. Brasília: CFP, 2009.

CONSELHO FEDERAL DE PSICOLOGIA (CFP). Resolução CFP nº 013/2007. Institui a Consolidação das Resoluções relativas ao Título Profissional de Especialista em Psicologia e dispõe sobre normas e procedimentos para seu registro. Brasília: CFP, 2007. Disponível em:<https://site.cfp.org.br/wp-content/uploads/2008/08/Resolucao_CFP_nx_013-2007.pdf>. Acesso em: 13 jan. 2022.

COSTA, S. L. M. Comunicação, Campanhas e Bioidentidades: discursos sobre o HIV entre governos, OSCs e soropositivos. 2014. Dissertação (Mestrado, Programa de Pós- Graduação em Comunicação. Universidade Federal de Juiz de Fora - UFJF, Juiz de Fora, 2014. Disponível em:<https://repositorio.ufjf.br/jspui/handle/ufjf/548> Acesso em: 13 dez. 2022.

CRP-MG. Nota Técnica CRP-MG: Estabelece parâmetros e recomendações para a sistematização da atuação da(o) psicóloga(o) hospitalar. Minas Gerais: CRP, 2021. Disponível em: <https://crp04.org.br/nota-tecnica-crp-mg-estabelece-parametros-e-recomendacoes-para-a-sistematizacao-da-atuacao-dao-psicologao-hospitalar/#:~:text=As%20atribui%C3%A7%C3%B5es%20da(o)%20psic%C3%B3loga,repercuss%C3%B5es%20emocionais%20que%20emergem%20neste>. Acesso em: 03 dez. 2022.

CRP-PR. Caderno de avaliação psicológica: dimensões, campos de atuação e atenção. Curitiba: CRP-PR, 2016. Disponível em: <https://crppr.org.br/wp-content/uploads/2019/05/AF_CRP_Caderno_AvaliacaoPsicologica_pdf.pdf>. Acesso em: 09 dez. 2022.

CRP-PR. Conselho Regional de Psicologia – PR. Manual de psicologia hospitalar: Coletânea Conexão Psi – Série Técnica. Curitiba: Autor, 2007.

CRUZ, C. O. & RIERA, R. Comunicando más notícias: O protocolo SPIKES. Diagn Tratamento, v. 21, n. 3, p. 106-8, 2016.

D'ASSUMPÇÃO, E. A. Luto: Como viver para superá-lo. Petrópolis: Vozes, 2018.

DADALTO, L., TUPINAMBÁS, U. & GRECO, D. B. Diretivas antecipadas de vontade: Um modelo brasileiro. Revista Bioética, v. 21, n. 3, 463-476, 2013. Disponível em: <http://www.scielo.br/scielo.php?script=sci_arttext&pid=S1983-80422013000300011. doi: 10.1590/S1983-80422013000300011>. Acesso em: 13 dez. 2022.

DANIEL, H.; PARKER, R. AIDS: a terceira epidemia. São Paulo: Iglu Editora, 1991.

DORKEN, H. The hospital private practice of Psychology: CHAMPUS 1981-1991. Professional Psychology Research and Practice, v. 24, p. 4, 409-417, 1993.

ENRIGHT, M. F. et al. The practice of psychology in hospital settings: Psychology in the public forum. Americam Psychologist, v. 45, n. 9, pp. 1059-1065, 1990.

ENRIGHT, M. F. et al. Hospital practice: Psychology's call to action. Professional Psychology Research and Practice, v. 24, n. 2, pp. 135-141, 1993.

FERREIRA, A. B. H. Novo Aurélio século XXI: o dicionário da língua portuguesa. 3ª ed. Rio de Janeiro, Nova Fronteira, 1999.

FLORIANI, C. A. Moderno movimento hospice: Kalotanásia e o revivalismo estético da boa morte. Revista Bioética, v. 21, n. 3, 397-404, 2013.

FOLSTEIN, M. F. et al. (1975). Mini-mental state". A practical method for grading the cognitive state of patients for the clinician. Journal of Psychiatric Research. v. 12, n. 3, 189-98, 1975. Disponível em: <.doi:10.1016/0022-3956(75)90026-6.PMID 1202204>. Acesso em: 09 dez. 2022.

FOUCAULT, M. A microfísica do poder. São Paulo: Graal. 2004.

FREITAS, K. Estudo Sobre PrEP Injetável chega a São Paulo. São Paulo, 2020. Disponível em: <https://www.drakeillafreitas.com.br/prep-injetavel/> Acesso em: 18 out. 2020.

FREUD, S. Reflexões para os tempos de guerra e morte. Edição Standard Brasileira das Obras Completas de Sigmund Freud, vol. XIV. Rio de Janeiro: Imago; 1996.

GARCIA, T. Psicologia Hospitalar e Avaliação Psicológica. 2018 Disponível em: <https://psico.club/conteudo/psicologia_hospitalar_e_avaliacao_psicologica/700/14>. Acesso em: 13 dez. 2022.

GIGLIO-JACQUEMOT, A. Urgências E Emergências Em Saúde: Perspectivas De Profissionais e Usuários. Rio de Janeiro: Editora Fiocruz; 2005.

GILMAN, S. L. Disease and Representation – images of illness from madness to aids. Ithaca and Londres: Cornell University Press, 1988.

GIV. Grupo de Incentivo à Vida. Não para a palavra "Aidético". 1997. Disponível em: <http://giv.org.br/Ativismo-GIV/N%C3%A3o-%C3%A0-palavra-Aid%C3%A9tico/>. Acesso em: 15 ago. 2017.

GORAYEB, R. Psicologia da saúde no Brasil. Psicologia: Teoria e Pesquisa, 29(Vol. Esp.), 115-122, 2010.

HEIDEGGER, M. Ser e Tempo. Petrópolis: Editora Vozes, 2005.

HENNEMANN-KRAUSE, L. (2012). Dor no fim da vida: Avaliar para tratar. Revista do Hospital Universitário Pedro Ernesto, v. 11, n. 2, 26-31, 2012. Recuperado de Disponível em: <http://www.e-publicacoes.uerj.br/index.php/revistahupe/article/view/8923/6832>. Acesso em: 13 dez. 2022.

HERMES, H. R. & LAMARCA, I. C. A. Cuidados paliativos: Uma abordagem a partir das categorias profissionais de saúde. Ciência & Saúde Coletiva, v. 18, n. 9, 2577-2588, 2013. Disponível em: <http://www.scielo.br/pdf/csc/v18n9/v18n9a12.pdf.>. Acesso em: 13 dez. 2022.

HÜBNER, R. V. O direito fundamental à morte digna: Uma visão a partir da constituição federal de 1988 (Trabalho de Conclusão de Curso). Faculdade de Direito, Universidade Federal do Paraná, Paraná, RS, Brasil. 2013.

Instituto Couto Maia. É possível ser portador do HIV e viver sem transmitir o vírus?. 2019. Disponível em: <http://www.institutocoutomaia.com.br/ser-portador-do-hiv-e-viver-sem-transmitir-o-virus-e-possivel/>. Acesso em: 09 dez. 2022

ISMAEL, S. M. C. A inserção do psicólogo no contexto hospitalar. In ISMAEL, S. M. C. A prática psicológica e sua interface com as doenças. São Paulo: Casa do Psicólogo. 2005.

KAHHALE, E. P. et al. HIV/Aids, enfrentando o sofrimento psíquico. São Paulo: Cortez, 2010.

KECK, F.; RABINOW, P. Invenção e representação do corpo genético. In: COURTINE, J. (org.). História do corpo: as mutações do olhar. O século XX. Petrópolis: Vozes, v. 3, p. 83-108, 2008.

KITAJIMA, K. Psicologia em Unidade de Terapia Intensiva: Critérios e rotinas de atendimento. 1 ed. Rio de janeiro: Revinter, 2014.

KÓVACS, M. J. (Coord.). Morte e desenvolvimento humano. São Paulo: Casa do Psicólogo, 1992.

KÜBLER-ROSS, E. Sobre a morte e o morrer. São Paulo: Martins Fontes, 2005.

KÜBLER-ROSS, E. Sobre a morte e o morrer: o que os doentes terminais têm para ensinar a médicos, enfermeiras, religiosos e aos seus próprios parentes. São Paulo: Martins Fontes; 1989.

LIMA, R.; ALMEIDA, C.; VIEIRA, L. A pessoa medicada e o HIV/AIDS: Subjetividade, adesão ao tratamento e biopolíticas. Revista Subjetividades: Fortaleza, v. 15, n. 3, p. 375–388, 2015. Disponível em <http://pepsic.bvsalud.org/scielo.php?script=sci_arttext&pid=S2359-07692015000300006&lng=pt&nrm=iso>. Acesso em: 18 jul. 2018.

LUDGERO, P. R. As diferenças de Eutanásia, Distanásia e Ortanásia. 2019 Disponível em: https://ludgeroadvocacia.jusbrasil.com.br/artigos/804678341/as-diferencas-de-eutanasia-distanasia-e-ortanasia. Acesso em: 09 dez. 2022.

MAGALHÃES, L. (s.d.) HIV. Disponível em: https://www.todamateria.com.br/hiv/. Acesso em: 09 dez. 2022.

MARCO, M. A. Do modelo biomédico ao modelo biopsicossocial: um projeto de educação permanente. Revista Brasileira de Educação Médica, v. 30, n. 1, 60-72, 2006. Disponível em: <www.scielo.br/pdf/rbem/v30n1/v30n1a10.pdf. doi: 10.1590/S0100-55022006000100010>. Acesso em: 13 dez. 2022.

MARCOLINO, J. A. M. et al. (2007). Medida da ansiedade e da depressão em pacientes no pré-operatório. Estudo Comparativo. Revista Brasileira de Anestesiologia, v. 57, n. 2, 157-166, 2007.

MARZANO-PARISOLI, M. M. Pensar o Corpo. Petrópolis, RJ: Vozes, 2004.

MATARAZZO, J. D. Behavioral health and behavioral medicine: Frontiers for a new health Psychology. American Psychologist, v. 35, n. 9, pp. 807-817, 1980.

MELLO-FILHO, J. Aids: o doente, o médico e o psicoterapeuta. In: Psicossomática hoje. 2. ed. Porto Alegre: Artmed, 2010.

METTEL, E. T. P. L. Proposta de concessão do título de professor emérito, pela Universidade de Brasília, à Profa. Dra. Thereza Pontual de Lemos Mettel. Psicologia: Teoria e Pesquisa, v. 23, (Num. Esp.), 125-129, 2007.

MIRANDA, E. M. F.; LIMA, J. J. S. & SANTOS, L. C. Psicologia Hospitalar e normatizações: regulamentações na prática profissional e registro em prontuário In: SANTOS, L. C., MIRANDA, E. M. F. & NOGUEIRA, E. L. Psicologia, Saúde e Hospital: contribuições para a prática profissional. 2ª reimpressão. Belo Horizonte: Artesã, 2016, p. 67-88.

MIRANDA, E. M. F. Reflexões sobre a participação da/o psicóloga/o hospitalar no controle das IRAS In: ANGERAMI-CAMON, V. A. A Psicologia da saúde na prática: teoria e prática. 1 ed. Belo Horizonte: Artesã, 2019, p. 351-374.

MOERSCHBERGER, M. S.; CRUZ, F. R. & LANGARO, F. Reflexões acerca da ética e da qualidade dos registros psicológicos em prontuário eletrônico multiprofissional. Rev. SBPH, Rio de Janeiro, v. 20, n. 2, p. 89-100, dez. 2017. Disponível em <http://pepsic.bvsalud.org/scielo.php?script=sci_arttext&pid=S1516-08582017000200006&lng=pt&nrm=iso>. Acesso em: 03 dez. 2022.

MONTEIRO, M. C. A Morte e o Morrer em UTI: família e equipe médica em cena. 1ª ed. Curitiba: Appris, 2017.

MORITZ, R. D., KRETZER, L. P. & ROSA, R. G. Cuidados Paliativos, Comunicação e Humanização em UTI. 1ª ed. Rio de Janeiro: Atheneu, 2021.

MUÑOZ, F. A.; LILLO, A. Intervención psicológicas em urgências. In: REMOR, E.; ARRANZ, P.; ULLA, S. El psicólogo em el âmbito hospitalario Espana: Editorial Desclée de Brouwer S. A, 2003.

NOGUEIRA-MARTINS, L. A., & FRENK, B. A atuação do profissional de saúde mental no hospital de ensino: a interconsulta médico-psicológica. Boletim de Psicologia, v. 3, n. 1, 30-37, 1980.

NUNES, M. I. & ANJOS, M. F. Diretivas antecipadas de vontade: Benefícios, obstáculos e limites. Revista Bioética, v. 22, n. 2, 241-251, 2014. Disponível em: <http://www.scielo.br/scielo.php?script=sci_arttext&pid=S1983-80422014000200006&lng=pt&tlng=pt. doi: 10.1590/1983-80422014222005>. Acesso em: 13 dez. 2022.

OLIVEIRA, C. C. (2016) Para compreender o sofrimento humano. Revista Bioética, v. 24, n. 2, 225-234, 2016. Disponível em: <https://revistabioetica.cfm.org.br/index.php/revista_bioetica/article/view/1058/1481>. Acesso em: 13 dez. 2022.

ONU. Declaração Universal dos Direitos Humanos: Adotada e proclamada pela Assembleia Geral das Nações Unidas (resolução 217 A III) em 10 de dezembro 1948. Disponível em: <https://www.unicef.org/brazil/pt/resources_10133.htm>. Acesso em: 13 dez. 2022.

ORGANIZAÇÃO DAS NAÇÕES UNIDAS (ONU). Conferência sobre AIDS alerta para falta de remédios antirretrovirais na América Latina. Brasília, 2018. Disponível em: <https://nacoesunidas.org/conferencia-sobre-aids-alerta-para-falta-de-remedios-antirretrovirais-na-america-latina/>. Acesso em: 08 jan. 2020.

ORGANIZAÇÃO PAN-AMERICANA DA SAÚDE (OPAS). Folha informativa – HIV/aids. Organização Pan-Americana da Saúde. 2017. Disponível em:<https://www3.paho.org/bra/index.php?option=com_content&view=article&id=5666:folha-informativa-hiv-aids&Itemid=812#:~:text=O%20HIV%20continua%20sendo%20um,HIV%20em%20todo%20o%20mundo>. Acesso em: 13 dez. 2022.

ORGANIZAÇÃO PAN-AMERICANA DA SAÚDE (OPAS). Rede Interagencial de Informações para a Saúde. Indicadores básicos para a saúde no Brasil: Conceitos e aplicações. (2ª ed.) Brasília: Organização Pan-Americana da Saúde. 2008. Disponível em: <http://tabnet.datasus.gov.br/tabdata/livroidb/2ed/apresent.pdf>. Acesso em: 13 dez. 2022.

PARKER, R. Na contramão da Aids: Sexualidade, intervenção, política. São Paulo: Editora 34, 2000.

PARKER, R.; AGGLETON, P. Estigma, Discriminação e Aids. Rio de Janeiro: Abia, 2001.

PARKES, C. M. Luto: Estudos sobre a perda na vida adulta. (3ª ed.). São Paulo: Summus, 1998.

PATE, W. E., & KOHUT, J. L. Results from a national survey of psychologists in medical school settings. Journal of Clinical Psychology in Medical Settings, v. 12, n. 3, pp. 85-91, 2003.

PEREIRA, H. & FELICIANO, R. M. H. A Importância da psicologia intensivista no contexto hospitalar. (Dissertação Mestrado em Terapia Intensiva.) Instituto Brasileiro de Terapia Intensiva, Brasília: DF, 2012.

PEREZ, G. H. O psicólogo na unidade de emergência. In: ISMAEL, S. M. C. (Org.). A prática psicológica e sua interface com as doenças. São Paulo: Casa do Psicólogo, 2005.

PERUCCHI, J., et al. Psicologia e Políticas Públicas em HIV/AIDS: algumas reflexões. Psicologia & Sociedade [online]: v. 23, n. spe, pp. 72-80, 2011 Disponível em: <https://doi.org/10.1590/S0102-71822011000400010>. Acesso em: 1 nov. 2016.

PESSINI, L. & BERTACHINI, L. Humanização e cuidados paliativos. (3ª ed.) São Paulo: Edições Loyola, 2006.

PESSINI, L. Distanásia: Até quando investir sem agredir? Revista Bioética, v. 4, n. 1, 1-11, 2009. Disponível em: <http://revistabioetica.cfm.org.br/index.php/revista_bioetica/article/view/394>. Acesso em: 13 dez. 2022.

PESSOA, L. S. Pensar o final e honrar a vida: Direito à morte digna. (Dissertação de Mestrado). Faculdade de Direito, Universidade Federal da Bahia, Salvador, BA, Brasil, 2011.

PRADE, C. F. et al. Cuidando de quem cuida. (2a ed.). Barueri: Ciranda Cultural, 2016.

RIBEIRO A. L. A. R. & GAGLIANI, M. L. Psicologia e Cardiologia: um desafio que deu certo. Autores: São Paulo. Ed. Atheneu, 2010.

RODRIGUEZ, M. I. F. Despedida Silenciada: Equipe médica, família, paciente – cúmplices da conspiração do silêncio. Psicologia Revista, v. 23, n. 2, 261-272, 2014. Disponível em: <https://revistas.pucsp.br/index.php/psicorevista/article/view/22771/16503>. Acesso em: 13 dez. 2022.

ROLNIK, S. Toxicômanos de identidade: subjetividade em tempo de globalização. Cultura e Subjetividade: saberes nômades. Campinas: Papirus, 1997. Disponível em: <https://www.pucsp.br/nucleodesubjetividade/Textos/SUELY/Toxicoidentid.pdf. Acesso em: 13 dez. 2022.

ROMANO, B. W. Manual de Psicologia Clínica para Hospitais. Autora: São Paulo. Ed. Casa do Psicólogo, 2008.

ROMANO, B. W. Princípios para a prática da psicologia clínica em hospitais. São Paulo: Casa do Psicólogo, 1999.

SANTOS, F. M. S., & Jacó-Vilela, A. M. O psicólogo no hospital geral: estilos e coletivos de pensamento. Paidéia, v. 19, n. 43, 189-197, 2009.

SANTOS, J. H., et al. Atuação do Psicólogo da Saúde com Pessoas Portadoras do Vírus HIV/aids. Ciências Humanas e Sociais: Alagoas, v. 4, n. 2, p. 157-170, 2017. Disponível em:<https://periodicos.set.edu.br/fitshumanas/article/view/4554/2589>. Acesso em: 13 dez. 2022.

SANTOS, J. V. Luto é um processo. Revista do Instituto Humanitas Unisinos. 2016. Disponível em: <https://www.ihuonline.unisinos.br/artigo/6684-maria-helena-pereira-franco>. Acesso em: 17 dez. 2022.

SANTOS, M. T. Primeiro medicamento injetável e mensal contra o HIV é aprovado nos EUA. Veja Saúde: 2021. Disponível em:<https://saude.abril.com.br/medicina/primeiro-medicamento-injetavel-e-mensal-contra-o-hiv-e-aprovado-nos-eua/> Acesso em: 13 dez. 2022.

SARMENTO, A. L. R. Apresentação e aplicabilidade da versão brasileira da MoCA (Montreal Cognitive Assessment) para rastreio de Comprometimento Cognitivo Leve. (Dissertação de Mestrado em Medicina) – Universidade Federal de São Paulo (UNIFESP), São Paulo, 2009.

SASSI, A. & GADELHA, S. O Psicólogo no hospital e o paciente soropositivo: breve recorte do estágio profissional em um Hospital Geral no Oeste da Bahia. Psic. Rev: São Paulo, v. 22, n. 2, p. 167-176, 2013.

Disponível em:<https://revistas.pucsp.br/index.php/psicorevista/article/view/17987>. Acesso em: 13 dez 2022.

SEBASTIANI, R. W. Psicologia da Saúde no Brasil: 50 Anos de História. 2003. Disponível em: <http:www.nemeton.com.br/>. Acesso em: 09 Dez. 2022.

SILVA, S. M.; BAPTISTA, P. C. P. Novos olhares sobre o sujeito que adoece no trabalho hospitalar. Cogitare Enfermagem. v. 18, n. 1,p. 163- 166, 2013.

SILVA, W. P. & GOMES, I. C. O. Atuação do Psicólogo na UTI: uma revisão integrativa da literatura. Psicologia e Saúde em Debate, v. 3, n. 2, pp. 44-52, 2017.

SIMONETTI, A. & BARRETO, J. Intervenções Psicológicas na Intubação: da clínica do agora à clínica do depois. Belo horizonte: Ed Artesã, 2022.

SIMONETTI, A. Manual de psicologia hospitalar: o mapa da doença. São Paulo: Casa do Psicólogo, 2004.

SONTAG, S. Doença como metáfora. Aids e suas metáforas. Companhia de Bolso: São Paulo, 2007.

STRAUB, R. O. Psicologia da saúde. Porto Alegre: Artmed, 2008.

STRAUB, R. O. Psicologia da saúde: uma abordagem biopsicossocial. 3. ed. Porto Alegre: Artmed, 2014.

STROEBE, M & SCHUT. The dual process model of bereavement: rationale and description. Death studies, v. 23, p. 197-224, 1999.

TRIANT, V. A. et al. Increased acute myocardial infarction rates and cardiovascular risk factors among patients with human immunodeficiency virus disease. J Clin Endocrinol Metab: Washington, v. 92, n. 7, p. 2506-12, 2007 Disponível em:<doi: 10.1210/jc.2006-2190.2506-12>. Acesso em: 13 dez 2022.

UNAIDS. 90-90-90 Uma meta ambiciosa de tratamento para contribuir para o fim da epidemia de Aids. Brasília: 2015. Disponível em: <https://unaids.org.br/wp-content/uploads/2015/11/2015_11_20_UNAIDS_TRATAMENTO_META_PT_v4_GB.pdf> Acesso em: 2 out 2019.

UNAIDS. Guia de Terminologia sobre HIV e AIDS. 2017. Disponível em: <http://unaids.org.br/wp-content/uploads/2017/09/WEB_2017_07_12_GuiaTerminologia_UNAIDS_HD.pdf>. Acesso em: 02 Out. 2017.

UNAIDS. Prevenção Combinada. s.d. Disponível em: https://unaids.org.br/prevencao-combinada/. Acesso: 09 dez. 2022

VALLE, C. G. O. do. Corpo, doença e biomedicina: uma análise antropológica de práticas corporais e de tratamento entre pessoas com HIV/AIDS. Vivência, Natal, n. 35, p. 33-51, 2010. Disponível em: <https://repositorio.ufrn.br/jspui/handle/123456789/18702>. Acesso em: 18 jul. 2018.

VASCONCELOS, R. Estudo Mosaico de vacina preventiva contra o HIV chega ao Brasil. Uol Viva Bem, 2020. Disponível em:<https://www.uol.com.br/vivabem/colunas/rico-vasconcelos/2020/11/20/estudo-mosaico-de-vacina-contra-o-hiv-chega-ao-brasil.htm?cmpid=copiaecola>. Acesso em: 13 dez. 2022.

VAZ, W. L. & ANDRADE, B. O. O direito à morte digna. 2015. Disponível em: <https://www.conteudojuridico.com.br/consulta/Artigos/45586/o-direito-a-morte-digna>. Acesso em: 13 dez. 2022.

WHO. World Health Organization. Definition of Palliative Care. 2002. Disponívem em:<http://www.who.int/cancer/palliative/definition/en/>. Acesso em: 13 dez. 2022.

YANAMOTO, O. H.; TRINDADE, L. C. B. & OLIVEIRA, I. F. O Psicólogo em Hospitais no Rio Grande do Norte. Psicologia USP, v. 13, n. 1, 2002, pp. 217-246.

ZIGMOND, A. S. & SNAITH, R. P. The Hospital Anxiety and Depression Scale. Acta Psychiatrica Scandinavica, 67, 361-370, 1983.

ZOCCOLI, T. L. V., FONSECA, F. N. & BOAVENTURA, T. de D. V. Comunicação em Cuidados Paliativos. In: Zoccoli, T. L. V. (org.) et al. Desmistificando Cuidados Paliativos. Brasília: Oxigênio. 2019.

ANEXO I
MINI EXAME DO ESTADO MENTAL (MEEM)

Orientação Temporal Espacial – questão 2.a até 2.j pontuando 1 para cada resposta correta, máximo de 10 pontos.

Registros – questão 3.1 até 3.d pontuação máxima de 3 pontos.

Atenção e cálculo – questão 4.1 até 4.f pontuação máxima 5 pontos.

Lembrança ou memória de evocação – 5.a até 5.d pontuação máxima 3 pontos. **Linguagem** – questão 5 até questão 10, pontuação máxima 9 pontos.

Identificação do cliente

Nome: _____
Data de nascimento/idade: _____ Sexo: _____
Escolaridade:

- ☐ Analfabeto
- ☐ 0 à 3 anos
- ☐ 4 à 8 anos
- ☐ Mais de 8 anos

Avaliação em: __/_____/_____

Avaliador: _____

Orientação Temporal Espacial		1
1. Qual é o(a) dia da semana?		
	Dia do mês? _____	1
	Mês? _____	1

		Ano?		1
		Hora aproximada?		1
2. Onde estamos?				
		Local?		1
		Instituição (casa, rua)?		1
		Bairro?		1
		Cidade?		1
		Estado?		1

Registros

1. Mencione 3 palavras levando 1 segundo para cada uma. Peça ao paciente para repetir as 3 palavras que você menciou. Estabeleça um ponto para cada resposta correta.

-Vaso, carro, tijolo

_____ 3

Mo4. Lembranças (memória de evocação)

Pergunte o nome das 3 palavras aprendidos na questão

2. Estabeleça um ponto para cada resposta correta.

_____ 3

Linguagem

5. Aponte para um lápis e um relógio. Faça o paciente dizer o nome desses objetos conforme você os aponta

_____ 2

6. Faça o paciente. Repetir "nem aqui, nem ali, nem lá".

_____ 1

7. Faça o paciente seguir o comando de 3 estágios. "Pegue o papel com a mão direita. Dobre o papel ao meio. Coloque o papel na mesa".

_____ 3

8. Faça o paciente ler e obedecer ao seguinte: FECHE OS OLHOS.

_____ 1

09. Faça o paciente escrever uma frase de sua própria autoria. (A frase deve conter um sujeito e um objeto e fazer sentido).

(Ignore erros de ortografia ao marcar o ponto)

_____ 1

ANEXO I

10. Copie o desenho abaixo. Estabeleça um ponto se todos os lados e ângulos forem preservados e se os lados da interseção formarem um quadrilátero.⠀⠀_____ 1	
AVALIAÇÃO do escore obtido	TOTAL DE PONTOS OBTIDOS
20 pontos para analfabetos	
25 pontos para idosos com um a quatro anos de estudo	
26,5 pontos para idosos com cinco a oito anos de estudo	
28 pontos para aqueles com 9 a 11 anos de estudo	
29 pontos para aqueles com mais de 11 anos de estudo.	

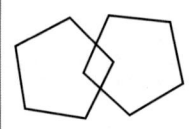

Tabela para apresentação dos resultados

MINI EXAME DO ESTADO MENTAL	
Teste	
Idade no teste	
Orien. Tem./Espac.	
Registros	
Atenção e cálculo	
Lembrança	
Linguagem	
Total	
Classificação	
Data	

Esse instrumento pode ser utilizado *online* através da Biblioteca Virtual em Saúde no *link*: https://aps.bvs.br/apps/calculadoras/?page=11

Referências

BERTOLUCCI PHF et al. O Mini-Exame do Estado Mental em uma população geral: impacto da escolaridade. Arquivos de Neuro-Psiquiatria, 1994, 52(1):1-7.

BRUCKI SMD et al. Sugestões para o uso do Mini-Exame do Estado Mental no Brasil. Arquivos de Neuro-Psiquiatria, 2003, 61(3):777-781 B.

FOLSTEIN MF, FOLSTEIN SE, MCHUGH PR. Mini-Mental State: a practical method for grading the cognitive state of patients for clinician. J Psychiatr Res 1975; 12:189-198.

ANEXO II
VERSÃO BRASILEIRA DA MOCA (MONTREAL COGNITIVE ASSESSMENT)

ANEXO III
ESCALA HOSPITALAR DE ANSIEDADE E DEPRESSÃO
(CRIADO P/ FÁBIO DE AGUIAR)

DADOS PESSOAIS			
NOME			
ORIENTAÇÕES PARA REALIZAÇÃO DO TESTE			
Assinale com "X" a alternativa que melhor descreve sua resposta a cada questão.			
1. Eu me sinto tensa (o) ou contraída (o):			
( ) a maior parte do tempo[3]	( ) boa parte do tempo[2]	( ) de vez em quando[1]	( ) nunca [0]
2. Eu ainda sinto que gosto das mesmas coisas de antes:			
( ) sim, do mesmo jeito que antes [0]	( ) não tanto quanto antes [1]	( ) só um pouco [2]	( ) já não consigo ter prazer em nada [3]
3. Eu sinto uma espécie de medo, como se alguma coisa ruim fosse acontecer			
( ) sim, de jeito muito forte [3]	( ) sim, mas não tão forte [2]	( ) um pouco, mas isso não me preocupa [1]	( ) não sinto nada disso[1]
4. Dou risada e me divirto quando vejo coisas engraçadas			
( ) do mesmo jeito que antes[0]	( ) atualmente um pouco menos[1]	( ) atualmente bem menos[2]	( ) não consigo mais[3]
5. Estou com a cabeça cheia de preocupações			
( ) a maior parte do tempo[3]	( ) boa parte do tempo[2]	( ) de vez em quando[1]	( ) raramente[0]
6. Eu me sinto alegre			
( ) nunca[3]	( ) poucas vezes[2]	( ) muitas vezes[1]	( ) a maior parte do tempo[0]
7. Consigo ficar sentado à vontade e me sentir relaxado:			
( ) sim, quase sempre[0]	( ) muitas vezes[1]	( ) poucas vezes[2]	( ) nunca[3]
8. Eu estou lenta (o) para pensar e fazer coisas:			
( ) quase sempre[3]	( ) muitas vezes[2]	( ) poucas vezes[1]	( ) nunca[0]
9. Eu tenho uma sensação ruim de medo, como um frio na barriga ou um aperto no estômago:			
( ) nunca[0]	( ) de vez em quando[1]	( ) muitas vezes[2]	( ) quase sempre[3]
10. Eu perdi o interesse em cuidar da minha aparência:			
( ) completamente[3]	( ) não estou mais me cuidando como eu deveria[2]	( ) talvez não tanto quanto antes[1]	( ) me cuido do mesmo jeito que antes[0]
11. Eu me sinto inquieta (o), como se eu não pudesse ficar parada (o) em lugar nenhum:			
( ) sim, demais[3]	( ) bastante[2]	( ) um pouco[1]	( ) não me sinto assim[0]
12. Fico animada (o) esperando animado as coisas boas que estão por vir			
( ) do mesmo jeito que antes[0]	( ) um pouco menos que antes[1]	( ) bem menos do que antes[2]	( ) quase nunca[3]
13. De repente, tenho a sensação de entrar em pânico:			
( ) a quase todo momento[3]	( ) várias vezes[2]	( ) de vez em quando[1]	( ) não senti isso[0]
14. Consigo sentir prazer quando assisto a um bom programa de televisão, de rádio ou quando leio alguma coisa:			
( ) quase sempre[0]	( ) várias vezes[1]	( ) poucas vezes[2]	( ) quase nunca[3]
RESULTADO DO TESTE			
OBSERVAÇÕES:			
Ansiedade: [ ] questões (1,3,5,7,9,11,13) Depressão: [ ] questões (2,4,6,8,10,12 e 14)		Escore: 0 – 7 pontos: improvável 8 – 11 pontos: possível – (questionável ou duvidosa) 12 – 21 pontos: provável	
NOME RESPONSÁVEL PELA APLICAÇÃO DO TESTE			
DATA			

Referências:

ZIGMOND, A. S.7 SNAITH, R. P. The Hospital Anxiety and Depression Scale.Acta Psychiatrica Scandinavica 1983; 67,361-370 Botega NJ, Bio MR, Zomignani MA, Garcia JR C, Pereira WAB. Transtornos do humor em enfermaria de clínica médica e validação de escala de medida (HAD) de ansiedade e depressão. Revista de Saúde Pública, 29(5): 355-63, 1995.